C. BOUGLÉ

DE PHILOSOPHIE SOCIALE A L'UNIVERSITÉ DE TOULOUSE

(*Cousem-la Couverture*)

VIE SPIRITUELLE

ET

ACTION SOCIALE

75

LA VIE SPIRITUELLE ET L'ORGANISATION ÉCONOMIQUE.
L'ANTICLÉRICALISME ET LE DEVOIR INTELLECTUEL.
LA CRISE DU LIBÉRALISME. — LA CRISE DU PATRIOTISME.
LA PAIX ET LA FEMME. — VERS LA JOIE PAR L'ACTION

PARIS

ÉDOUARD CORNÉLY, ÉDITEUR

101, RUE DE VAUGIRARD, 101

1902

VIE SPIRITUELLE

ET

ACTION SOCIALE

DU MÊME AUTEUR

C. BOUGLÉ

PROFESSEUR DE PHILOSOPHIE SOCIALE A L'UNIVERSITÉ DE TOULOUSE

VIE SPIRITUELLE

ET

ACTION SOCIALE

LA VIE SPIRITUELLE ET L'ORGANISATION ÉCONOMIQUE.
L'ANTICLÉRICALISME ET LE DEVOIR INTELLECTUEL.
LA CRISE DU LIBÉRALISME. — LA CRISE DU PATRIOTISME.
LA PAIX ET LA FEMME. — VERS LA JOIE PAR L'ACTION.

PARIS

ÉDOUARD CORNÉLY, ÉDITEUR

101, RUE DE VAUGIRARD, 101

1902

VIE SPIRITUELLE
ET ACTION SOCIALE

LA VIE SPIRITUELLE
ET L'ORGANISATION ÉCONOMIQUE[1]

Quelles sont les fins essentielles, les méthodes ordinaires et les destinées probables de nos « Universités populaires » ?

Pour le comprendre, demandons-nous ce qui fait à nos yeux le prix de la civilisation. D'un mot, c'est la vie de l'esprit. Mais qu'est-ce que la vie de l'esprit? Montrons-le par des exemples. Soit un homme qui n'ait rien à faire, et ne fasse autre chose que manger, boire et dormir : le rentier idéal. Cet être vit-

---

1. Conférence faite, le 21 décembre 1901, à la Bourse du Travail de Montpellier.

(Nous avons relu, en préparant cette conférence, outre la collection des *Cahiers de la Quinzaine* de Ch. Péguy, les *Essais sur le mouvement ouvrier*, de Daniel Halévy, *la Coopération*, de Ch. Gide, *l'Avenir socialiste des syndicats*, de G. Sorel, *le Socialisme et les intellectuels*, de L. de Brouckère.)

1

il de la vie de l'esprit? Aussi peu que possible. Il ne se distingue guère de l'animal. Imaginons maintenant, après l'homme de plaisir, l'homme de peine, après le rentier, le manœuvre idéal. Celui-ci aussi mange, boit et dort. Mais il est obligé en outre, pour gagner sa vie, d'exécuter tout le long du jour quelque besogne matérielle : porter, par exemple, de la terre d'un point à un autre. Cet être vit-il, plus que le précédent, de la vie de l'esprit? Sans doute, il lui faut faire quelques efforts intellectuels pour adapter ses gestes à sa besogne. Mais, plus cette besogne est mécanique, et plus ses efforts sont réduits. Et, une fois quitte de cette besogne, il ne satisfait, lui aussi, qu'aux besoins de l'animal.

Pour qu'un homme nous paraisse vivre de la vie de l'esprit, il faut qu'il éprouve d'autres besoins que les besoins organiques, et exerce d'autres activités que les activités mécaniques. Il faut qu'il effectue ce travail invisible, qui consiste à inventer et à réfléchir, à méditer et à vérifier, à admirer et à critiquer, il faut qu'il pense en un mot, et mette son plaisir dans sa pensée. Ce sont les opérations de ce genre qui forment la trame de ce qu'on appelle la vie spirituelle; et c'est cette vie spirituelle qui constitue à nos yeux la dignité de l'homme. A mesure qu'elle devient plus intense, plus variée, plus complexe, nous voyons l'homme se dégager de l'animalité, et se redresser lentement. Il se tient d'autant plus droit qu'il porte une pensée plus lourde. En augmentant le poids de la pensée humaine, la civilisation est donc l'instrument du redressement progressif des hommes. Si elle est préférable à la barbarie, c'est qu'elle est la condition de la vie spirituelle.

* *
* *

Or cette vie a-t-elle bien conquis en effet, dans la civilisation telle que nous la comprenons aujourd'hui, toute la place à laquelle elle a droit? Certes, notre civilisation a fait une consommation de pensée incomparable. Nulle autre n'a accumulé un capital intellectuel aussi imposant. Dans ses bibliothèques et dans ses musées, dans ses laboratoires et dans ses usines, quelle quantité d'inventions et de réflexions n'a-t-elle pas emmagasinée! Par ces incarnations multiples, l'esprit des grands penseurs vit toujours autour de nous.

Mais vit-il vraiment? Et trop souvent ne semble-t-il pas plutôt qu'il dort dans les choses, faute de vivants pour le réveiller? A la bibliothèque municipale de sa ville natale, il y a trois ans, les œuvres d'Auguste Comte n'étaient pas encore coupées. Combien de livres, ainsi, restent inviolés ! Combien d'idées restent infécondes ! Ce capital intellectuel qui devrait susciter, du haut en bas de la société, une vie spirituelle si intense, combien de fois n'oublie-t-on pas de le mettre en valeur !

A quoi tient cette pénurie spirituelle? Sans doute à la même force qui est la cause principale de notre prospérité matérielle, — à la division du travail. Indispensable à la production des choses, il n'est pas sûr qu'elle ne soit pas nuisible à la production des âmes. Du moins semble-t-il bien que, si l'on ne réagit pas contre ses effets normaux, elle tende à sevrer de la vie spirituelle toute la partie de la population qu'elle assujettit et asservit au travail mécanique.

Voici en quels termes un des fondateurs de notre économie politique classique, Adam Smith, prévoyait les effets modernes de la division du travail :

« Dans les progrès que fait la division du travail, l'occupation de la très grande majorité de ceux qui en vivent, c'est-à-dire de la masse du peuple, se borne à un petit nombre d'opérations simples, très souvent à une ou à deux. Or l'intelligence de la plupart des hommes se forme nécessairement par leurs occupations ordinaires. Un homme dont toute la vie se

passe à répéter un petit nombre d'opérations
simples dont les effets sont peut-être aussi
toujours les mêmes, ou très approchants, n'a
pas lieu de développer son intelligence ou
d'exercer son imagination à chercher des
expédients pour des difficultés qui ne se ren-
contrent jamais. Il perd donc naturellement
l'habitude de déployer ou d'exercer ses
facultés et devient en général aussi stupide et
aussi ignorant qu'il soit possible à une créa-
ture humaine de le devenir; l'engourdissement de ses facultés morales le rend non
seulement incapable de goûter aucune conversation raisonnable ni d'y prendre part,
mais d'éprouver aucune affection tendre,
généreuse ou noble, et, par conséquent, de
former aucun jugement un peu juste sur la
plupart des devoirs, même les plus ordinaires de la vie privée. Quant aux grands
intérêts et aux grandes affaires de son pays,
il est totalement hors d'état d'en juger...

« Or cet état est celui dans lequel l'ouvrier
pauvre, c'est-à-dire la masse même du peuple,
doit nécessairement tomber dans toute société
civilisée et avancée en industrie, à moins
que le Gouvernement ne prenne des précau-
tions qui préviennent le mal. »

Et l'on a dit que ces vieux économistes
étaient optimistes! Les prévisions d'Adam
Smith étaient plus noires que la réalité. Nous

savons bien que la masse du peuple n'est pas tombée, en fait, à cet état de dégradation. Mais nous pouvons retenir que la tendance de ce mouvement économique, livré à lui seul, serait bien d'enrayer, chez les masses qu'il enrôle, le mouvement intellectuel; en ce sens, les perfectionnements de l'industrie contrarient le perfectionnement de l'artisan. Le progrès matériel rogne, pour ainsi dire, sur la vie spirituelle des classes déshéritées.

Mais, du moins, à l'autre bout de la société, cet abaissement sera-t-il compensé par l'ascension des classes privilégiées? Ici l'on peut vivre sans travailler tandis que là on ne fait que travailler, pour vivre. Au sein de ces loisirs inestimables, les esprits vont donc en toute liberté, déployer toutes leurs puissances.

En fait, nous le savons, cet espoir est trop souvent déçu. Rappelons-nous seulement le sens que prend, dans ces hautes régions sociales, cette expression : le monde. Elle devrait susciter l'idée des globes immenses qui parcourent suivant un ordre éternel l'espace infini. Trop souvent, elle n'évoque devant la pensée qu'un cercle étroit, où des gens tuent le temps en futilités, sinon en méchancetés. W. Morris en fait justement la remarque : la vie du rentier est rarement plus belle, en ce sens, que celle du manœuvre. C'est donc

que l'excès du bien-être produit lui aussi une
sorte d'engourdissement de la vie spirituelle.
Elle périt ici par la surabondance comme là
par l'insuffisance du loisir; ici par la pléthore,
comme là par l'anémie. Et ainsi, entre ces
deux piliers qui s'écartent et vacillent, la
civilisation véritable fléchit peu à peu.

Et nous dont c'est le métier de la soutenir,
nous qui avons comme devoir professionnel
de perpétuer, pour le progrès de la vie spirituelle, le souvenir des grandes inventions
morales et des grandes découvertes scientifiques, nous sentons tristement, dans un
monde ainsi divisé, notre isolement en même
temps que notre privilège; nous comprenons
que nos centres d'action — bibliothèques et
laboratoires, écoles et facultés — ne sont que
des points lumineux, des zones brillantes, mais
infiniment étroites, dans cette forêt obscure
où les hommes sont le plus souvent saisis et
comme ligotés par leurs instincts et leurs besognes. Voilà pourquoi nous sommes sortis
de nos refuges; voilà pourquoi on nous a vus,
par les chemins, porter aux plus manquants,
aux plus déshérités, les richesses dont nous
avons la garde. Des postes avancés pour con-
quérir et garder des terres nouvelles à la vie
de l'esprit, menacée et comme pourchassée par
l'organisation matérielle de notre civilisation,
telles ont voulu être nos Universités populaires.

*
* *

Mais que nous répondent, le plus souvent, ceux à qui nous offrons ainsi de coopérer, dans ces maisons nouvelles, à l'œuvre de l'esprit?

Ils nous répondent : « Vos intentions sont belles et bonnes. Mais d'avance votre peine est perdue. Si vous croyez qu'il suffira, pour sauver les causes qui vous sont chères, d'un redoublement d'enseignement, vous faites fausse route. C'est l'organisation économique elle-même qu'il faut changer, et véritablement révolutionner. Dans la vapeur et la poussière où nous vivons tout le jour, l'esprit ne peut s'épanouir. La classe ouvrière est utilitaire, et forcément utilitaire, parce qu'elle est misérable ; elle n'a pas le temps d'être idéaliste. Qu'on nous incite à nous coaliser dans la coopérative ou dans le syndicat, pour ravir au commerce ou à l'industrie une part de leurs bénéfices illégitimes, à la bonne heure ! Nous restons ici placés sur le terrain des réalités, et nous comprenons que nos efforts associés peuvent changer quelque chose au système social qui pèse sur nous. Mais retrancher sur nos loisirs, si limités déjà, pour aller vous entendre causer à l'Université po-

pulaire, à quoi bon ! Vos phrases ne change-
ront rien à rien. Gardez-les pour les enfants
dociles qu'on vous confie. Retournez à vos
moutons, braves gens, et laissez-nous lutter
avec les loups, sur le terrain, dans la forêt
de l'organisation économique. »

Ainsi parlent, ainsi pensent du moins
beaucoup d'ouvriers. Et il nous faut bien convenir que lorsqu'ils parlent ou pensent ainsi,
ils ont le plus souvent raison. Oui, c'est le
plus souvent l'organisation même de l'industrie moderne qui arrête, dès leur naissance,
la croissance de nos Universités populaires.
C'est elle qui détourne l'ouvrier de nous, en
le frappant, directement, par la fatigue physique, indirectement, par l'apathie mentale.
A chaque instant la réalité économique dresse
ainsi des obstacles sur le chemin des idées.
Nous ressemblons à des enfants qui courent
dans un grenier et se heurtent la tête aux
poutres. Nous sommes obligés de ramper
prudemment quand nous voudrions librement courir. Et ainsi notre expérience même
nous convainc que, pour sauver la vie spirituelle, il ne suffit pas de parler, il faudrait
agir ; et des changements seraient nécessaires
non seulement dans les idées, mais dans les
choses, non seulement dans les esprits, mais
dans les situations, dans l'organisation sociale tout entière.

Est-ce donc à dire que l'inutilité des Universités populaires soit dès à présent démon-
trée et que d'ores et déjà l'avenir leur soit
fermé? Reconnaîtrons-nous avec Jules Guesde
qu'elles ont « juste autant d'importance sociale que l'œuvre des petits teigneux » ? que de
pareilles institutions ne peuvent servir qu'à
« amuser » ou même à « endormir » le
peuple? qu'en un mot, emportée par ces
grandes fatalités économiques qui préparent
son avènement dans son abaissement même,
la masse ouvrière n'a rien à espérer de ces
humbles efforts intellectuels?

Nous ne le pensons pas. Nous croyons, au
contraire, qu'on aurait tort d'opposer, comme
toutes différentes par leurs méthodes et leurs
tendances, l'émancipation mentale et l'émancipation matérielle. Elles peuvent, elles
doivent collaborer, conspirer, s'entraîner
l'une l'autre. Le mouvement intellectuel peut
aider dès aujourd'hui au mouvement économique de la classe ouvrière; et à son tour il
pourra en recevoir, demain, une impulsion
inattendue.

*
* *

Tous les représentants de la classe ouvrière qui pensent qu'en dehors de la lutte

économique, contre l'intermédiaire ou contre le patron, il n'y a pas de salut pour elle, savent aussi combien les ouvriers se laissent difficilement rassembler, organiser, et mener à cette lutte. Tous les militants du coopératisme et du syndicalisme vous diront avec quelle peine ils habituent leurs camarades à payer comptant, à verser une cotisation régulière, à prendre part aux réunions. Et pourquoi donc cette mise en train est-elle si pénible? Parce que la masse reste le plus souvent plongée dans l'apathie et l'inertie. Mais pourquoi y reste-elle plongée? Le plus souvent, parce qu'elle ignore sa puissance et jusqu'où, par ses propres forces organisées, elle pourrait s'élever.

N'aperçoit-on pas déjà, sur ce point, un des services que pourrait rendre l'Université populaire? Imaginez qu'elle raconte à ses auditeurs l'histoire des Trade-Unions anglaises, leurs humbles débuts et leur puissance croissante, les persécutions qu'elles eurent à subir jadis et le respect qu'elles inspirent aujourd'hui. Imaginez qu'elle leur rappelle comment se sont bâties sou à sou, pierre à pierre ces Maisons du Peuple qui dominent aujourd'hui la Belgique renouvelée. Ne pensez-vous pas que de pareils récits pourraient être singulièrement émouvants et comme excitants? que beaucoup d'ouvriers, mesurant ces conquêtes, seraient mieux préparés à se dévouer à la coopérative ou au syndicat? et qu'ainsi, à ces groupements économiques, les Sociétés d'enseignement serviraient naturellement de vestibules?

D'une façon plus générale, si les travailleurs sont si lents à se grouper, c'est parce que leur horizon n'est pas assez large, ni leur point de vue assez haut; c'est parce qu'ils n'ont pas une représentation assez nette de la fonction de la classe ouvrière dans l'évolution humaine. On dit qu'une des choses qui font le plus souffrir les soldats dans ces marches et contre-marches qui précèdent les batailles, c'est qu'ils ne savent presque jamais ce qu'on attend d'eux et à quoi servent leurs efforts. Elevez donc vos soldats jusqu'à ces hauteurs d'où l'on peut mesurer, sur la carte de l'humanité, le chemin parcouru et celui qui reste à parcourir, voir d'où l'on vient et où l'on va : ainsi, pour les batailles économiques que vous prétendez livrer, sera décuplé l'entrain de vos troupes.

En ce sens, élargir les idées, c'est exalter les énergies. Dans le monde de l'esprit comme dans le monde de la matière, les forces se transforment les unes dans les autres. La lumière intellectuelle bien dirigée produira de la chaleur morale, qui produira à son tour du mouvement économique.

*
* *

Qu'inversement le mouvement se transforme en lumière et que l'organisation économique doive entraîner l'élévation intellectuelle, c'est ce qu'il est aisé de démontrer.

On a justement remarqué que les « bonis » moraux de la coopération sont encore plus précieux que ses « bonis » matériels. Elle a le mérite, non pas seulement de restreindre les dépenses du ménage de l'ouvrier, mais d'accroître du même coup sa dépense de réflexion. Elle l'habitue à administrer, à discuter, à prévoir. Elle le force à sortir du cercle étroit de la besogne journalière et lui ouvre, parfois, les plus larges perspectives. La pensée d'un coopérateur convaincu est peuplée de grandes visions. Il se représente les coopératives d'achat se soudant aux coopératives de vente, les grands magasins collectifs des villes faisant leurs commandes aux syndicats de producteurs ruraux, et, grâce à ces ententes, toute la vie économique harmonieusement réglée, et la concurrence, la hideuse et maigre concurrence avec le cortège de haines et de désespoirs qu'elle traîne après elle, chassée enfin du monde... En ce sens, il faut voir dans la coopération autre chose qu'une boutique : c'est une étoile, dit Ch. Gide, et qui a déjà versé, au cœur et au cerveau de bien des hommes, les grands espoirs et les vastes pensées.

Et qu'on ne croie pas que seuls les militants proprement dits retirent un profit mental de leur dévouement à la coopération. Voici en quels termes D. Halévy décrit le rayonnement d'une coopérative socialiste en Belgique : « L'idée travaille pour la boutique ; la boutique travaille pour l'idée... En ces vastes et tragiques agglomérations ouvrières où des masses d'hommes vivent confusément dans la poussière et dans la boue, où le cabaret remplace l'intérieur et l'ivresse la beauté, la coopérative socialiste agit avec puissance. Son nom brille tous les soirs en lettres de feu sur la façade qui domine les pauvres maisons : *Le Progrès, le Prolétaire, la Populaire, la Ruche ouvrière*. Elle est ouverte à tous, associés ou non : elle offre ses boissons économiques et saines (les coopératives socialistes ne vendent pas d'alcool), ses concerts, ses livres, ses conférences politiques, littéraires et morales : la vie sous toutes ses formes. Salles, couloirs regorgent de monde. Ces malheureux viennent chaque jour donner à la maison commune le meilleur d'eux-mêmes, leurs minutes de loisir. Ici on écoute un orateur de rencontre ; là-bas on discute ; ailleurs on chante des mélodies, des chœurs.

Les femmes, les enfants viennent en nombre ; la famille, détruite par l'usine, acquiert des mœurs nouvelles ; la coopérative devient un instrument d'éducation.

Elle devient plus encore : un temple, un lieu presque sacré. Une religion est-elle autre chose que la croyance commune d'un peuple ou d'une race ? Les ouvriers belges, groupés par une idée, créent une religion... Dans certaines localités de la Wallonie, les ouvriers appellent leur maison du peuple « l'église ». Ils disent : « Je vais à l'église », — emploi bien intéressant d'un mot qui semblait à jamais fixé. »

L'expression mérite en effet d'éveiller notre réflexion. On dit parfois que ceux qui veulent aider à l'émancipation du peuple travaillent à remplacer l'Eglise : parole à la fois fausse et vraie. Il est inexact qu'ils veuillent emprunter à l'Eglise ses procédés, puisqu'ils prétendent substituer la science au dogme, corriger l'autorité par la liberté, et rectifier autant que possible la charité même par la justice. Mais il est exact qu'ils essaient de ravir à l'Eglise une part de son prestige. A la fois salle d'école, de spectacle et de concert, elle a été longtemps, elle est encore en beaucoup d'endroits le centre de la vie spirituelle. On s'efforce en effet de créer d'autres centres pour la gravitation des âmes. En ce sens, il est vrai qu'on essaie de prendre la succession de l'Eglise. Et peut-être ces coopératives où les hommes, réunis par la vie économique, s'élèvent déjà d'eux-mêmes à une vie plus haute, posent-elles aujourd'hui les premières pierres sur lesquelles elles s'élèveront plus tard, les Eglises de la démocratie triomphante.

Et ce que nous disons là du coopératisme nous pourrions le redire, toutes choses égales d'ailleurs, du syndicalisme.

Lui aussi a fait ses preuves et montré, par ses militants, quelle espèce d'hommes, ardents et curieux, prêts à l'action et avides d'instruction, il pouvait produire. Lui aussi augmente la dépense intellectuelle des masses qu'il enrôle. A la fin de leur livre sur *le Trade-Unionisme anglais*, les Sidney Web citent une autobiographie d'un ouvrier qui montre quelle place les syndicats tiennent dans la vie mentale de la classe ouvrière, et comment, par les renseignements de toutes sortes qu'ils concentrent pour elle, par les problèmes qu'ils lui posent, par les décisions collectives et réfléchies qu'ils l'invitent à formuler, ils élargissent son horizon. Récemment, au milieu de cette crise de nationalisme exaspéré qui sévit sur l'Angleterre, quelles voix se sont élevées les premières pour rappeler le peuple à la raison? Celles des secrétaires des plus puissantes Trade-Unions, parlant au nom de la classe ouvrière tout entière. Ils prouvaient ainsi, une fois de plus, comment l'organisation des travailleurs sur le terrain économique est capable d'élever leur idéal et d'élargir leur esprit.

J'en trouve d'ailleurs, plus près de nous, un exemple frappant. J'ai eu occasion de visiter la verrerie ouvrière d'Albi. J'ai vu, devant les fours qu'ils ont construits eux-mêmes, le travail fiévreux des verriers. Et ceux qui me guidaient m'exposaient, parmi leurs rêves d'avenir, l'instruction supérieure qu'ils souhaiteraient pour leurs enfants, et comment, à l'aide des « bonis » de la coopérative de consommation qu'ils étaient en train d'instituer, ils espéraient créer bientôt, chez eux, les enseignements nécessaires — « pour former, disait l'un, les capacités techniques indispensables à l'avenir de la verrerie » — « pour rappeler à nos fils, disait le second, ce qu'ils se doivent les uns aux autres et ce qu'ils doivent à la classe ouvrière ». Ainsi, dans cette institution ouvrière, qui plus que tout autre fait vaguement prévoir, sans doute, les formes sociales de l'avenir, on sent déjà, plus profondément qu'ailleurs, le prix non seulement de l'instruction professionnelle, mais de la culture générale. Pendant que les verriers me parlaient ainsi, dans le rougeoiment des

2

fours et la trépidation des cannes, j'avoue
que j'étais ému; il me semblait voir, sur la
figure empourprée de mes interlocuteurs, non
pas seulement la flamme des fours ardents,
mais les premiers rayons d'un soleil levant,
d'un idéal nouveau, surgissant du sein même
de la classe ouvrière en plein travail.

*
* *

Rien n'est donc plus vraisemblable : à mesure que la classe ouvrière s'organisera pour
s'émanciper, elle pensera davantage ; chaque
jour, elle fera un pas de plus en dehors du
cercle étroit des besognes mécaniques et des
fonctions organiques : de plus en plus elle se
dégagera, par une intelligence plus largement
déployée, du poids des instincts et des rou-
tines. Et ces habitudes nouvelles lui crée-
ront de nouveaux besoins, et ces besoins, à
leur tour, chercheront leurs organes. Et c'est
alors qu'on verra peut-être nos Universités
populaires, rajeunies et régénérées, vivre
d'une vie toute nouvelle.

Quel changement en effet dans leurs conditions d'existence ! Elles ne paraîtront plus,
alors, tomber du ciel, mais jaillir des en-
trailles de la terre. Elles ne seront plus,
alors, simplement offertes par quelques enfants perdus de la bourgeoisie, mais vérita-

blement demandées, réclamées, exigées par
les enfants émancipés du prolétariat. Et de là
sortira, peut-être, un renouveau spirituel
dont nous ne pouvons pas nous faire une
idée. Lorsque le peuple des travailleurs voudra enfin, méthodiquement, penser par lui-
même, nous ne pouvons pas savoir où sa
pensée le conduira. Cette émancipation inté-
grale, à la fois intellectuelle et économique,
constituera la plus profonde des révolutions.

Cette révolution, beaucoup d'entre nous, —
de ceux qu'on appelle aujourd'hui les « intellectuels », — n'y pensent pas sans émoi,
sans effroi. En même temps qu'ils l'appellent
de leurs vœux, ils frémissent à son pas qui
approche. Ils comprennent qu'un esprit tout
nouveau soufflera sur ce monde, et que bien
des fleurs, qu'ils cultivent aujourd'hui avec
piété, s'y faneront, ou seront foulées aux
pieds. Dans ces Universités populaires dont
ils ne seront à aucun degré les directeurs,
mais les serviteurs volontaires, à quels boule-
versements d'idées ne devront-ils pas assis-
ter? Dès aujourd'hui, combien de fois ne nous
arrive-t-il pas d'être secrètement troublés,
quand notre auditoire nous renvoie l'écho
grossi et grondant de nos propres paroles?
C'est ainsi que, parfois, nous aurions envie
d'arrêter les bras au moment où nous les ar-
mons; et nous sommes pris et déchirés, pour

ainsi dire, entre le monde ancien auquel
nous devons tant, et le monde nouveau, sur
lequel nous plaçons tant d'espoirs.

Il serait vain, et il serait bas de vous cacher
cette inquiétude intime. Mais qu'elle ne doive
pas d'ailleurs, vous effrayer à votre tour,
qu'elle ne doive pas, qu'elle ne puisse pas arrêter notre action d'aujourd'hui, ni notre action de demain, je n'ai plus besoin de vous
le démontrer, si je vous ai fait comprendre
à quel point nous sentons que, dans la civilisation telle qu'elle est organisée aujour-
d'hui, les intérêts généraux de l'esprit sont
menacés. Malgré cette épine à notre flanc,
nous irons donc de l'avant, nous marcherons
aussi longtemps qu'il le faudra, persuadés
d'être sur la route qui conduit à la civilisation véritable.

On demandait à un poète italien, qui an-
nonçait l'intention de se jeter dans l'action
sociale, s'il prendrait place à côté des défen-
seurs du prolétariat. Il répondit par cette parole mystique : « Je suis avec la vie. » Nous
pouvons reprendre maintenant cette parole à
notre compte. Nous nous rangerons aux côtés, nous nous tiendrons à la disposition de la
classe ouvrière, convaincus qu'aider à l'émancipation de ceux qui souffrent de notre organisation économique, c'est travailler aussi à
élargir et à approfondir la vie spirituelle.

L'ANTICLÉRICALISME

ET LE

DEVOIR INTELLECTUEL [1]

C'est un devoir d'accroître ses connaissances et de développer son intelligence. Nul ne doit laisser son esprit se rouiller, comme une épée pendue au mur. Il faut apprendre à fourbir et à manier cette épée, pour défendre et pour étendre, autant qu'on le peut, les conquêtes de la science. Il semble que, sur ce point, dans notre civilisation occidentale, tout le monde soit aujourd'hui d'accord. Personne n'oserait contester en face le devoir intellectuel.

Toutefois, cette unanimité est-elle aussi parfaite, et surtout aussi efficace qu'on pourrait le désirer ? C'est ce qu'il importe de rechercher avec méthode.

1. Conférence faite le 23 mars 1902, à l'Association polytechnique de Perpignan.

*
* *

Et d'abord l'opinion nous dénonce, comme systématiquement rebelle au devoir intellectuel, un certain parti, qu'on appelle d'ordinaire le parti clérical. Comment ce parti souhaiterait-il vivement de voir l'humanité étendre ses connaissances et pratiquer le libre examen? N'a-t-il pas ses livres sacrés, dictés un certain jour par une voix d'En-Haut, et qui contiennent tout ce qu'il est nécessaire de savoir sur la nature et sur l'homme? Que si leurs renseignements nous paraissent insuffisants, n'existe-t-il pas, pour les commenter et les adapter aux besoins nouveaux, des hommes spéciaux, vêtus de noir et de blanc, auxquels vous devez toute votre confiance? A quoi bon vous torturer le cerveau? Ce sont les dogmes qui manquent le moins. Il est clair que des gens qui raisonnent ainsi n'ont aucune raison de désirer, et ont toute raison de redouter, au contraire, l'extension de l'intelligence. Et c'est pourquoi sans doute l'instinct populaire, souvent rude en ses railleries, se plaît à se les représenter sous les espèces de ces oiseaux peu habitués à la lumière, et qui clignent des yeux quand elle survient.

Et certes, l'instinct populaire aurait tort,

s'il concluait que ceux qui croient n'ont
jamais pensé ni pratiqué le devoir intellectuel. Ce serait une flagrante injustice. Il
suffit de se rappeler un Pascal, — un des
esprits les plus vigoureux sans doute que la
terre ait portés, qui, après avoir retrouvé seul,
dès l'enfance, les premiers éléments de la
géométrie, après avoir fait le tour de la
science de son siècle, ne cessa, toute sa vie, de
« chercher en gémissant », — pour reconnaître
qu'il y a, à côté des libres penseurs proprement dits, de « libres adorateurs [1] » ; et ce
serait folie de nier l'effort intellectuel, parfois héroïque, dont quelques-uns d'entre
eux ont donné l'exemple.

Mais, s'il est vrai qu'il y a des croyants qui
cherchent ainsi la vérité, il reste permis de
penser que la vérité est le moindre souci
de notre parti clérical. Il est remarquable
que la plupart de ceux qui nous prêchent
aujourd'hui le retour au catholicisme se
gardent de vanter la solidité intellectuelle,
mais insistent seulement sur l'utilité sociale
de ses traditions. D'un mot, il semble bien
que ce qui fait la force de leur conviction,
c'est le sentiment que, si le peuple croyait, la
vie serait plus commode pour la bourgeoisie.
La vertu sociale du catholicisme semble prin-

1. V. B. Jacob, *Pour l'Ecole laïque* (p. 118).

cipalement à leurs yeux une vertu dormitive. Le remède qu'ils proposent à la question sociale est un soporifique, de la catégorie des stupéfiants. Les déshérités ne seraient-ils pas moins turbulents, moins exigeants, plus patients, s'ils attendaient la justice d'un monde meilleur, fait pour eux?

Triste raisonnement, car il implique une exploitation cynique des sentiments les plus touchants. Libre à chacun de se représenter, à sa façon, l'harmonie finale entre la justice et le bonheur. Croyez tant que vous voudrez, tant que vous pourrez, à la réalité d'un monde supérieur et réparateur. Ceux d'entre nous qui ne la partageront pas respecteront, et envieront peut-être cette croyance. Mais, si vous l'érigez à la hauteur d'une institution, si vous en tirez une fin de non-recevoir à opposer aux réclamations terrestres des déshérités, si vous vous en servez comme d'un bouclier pour refouler le misérable dans sa misère, si vous comptez sur la docilité intellectuelle pour produire de la patience sociale, alors la situation change. Et quiconque veut l'organisation de la justice sur la terre, rencontrant le cléricalisme sur sa route, se voit obligé de le balayer.

Sur ce point, tous les partisans de « l'en-avant démocratique », à quelque parti qu'ils appartiennent, se mettent facilement d'accord.

C'est là leur terrain de ralliement. Les orateurs politiques, ou même les conférenciers des Universités populaires le savent bien, qui, lorsqu'ils sentent quelque flottement dans leur auditoire, s'empressent de le rassembler et le reprennent en main, en le lançant sur le cléricalisme. Il leur suffit d'agiter le froc, comme le torero agite sa cape : le taureau populaire fonce aussitôt avec ardeur.

Et loin de moi la pensée de blâmer cette tactique. Elle est de bonne guerre. Il est légitime que nous fassions front contre l'ennemi commun. Et les républicains auraient grand tort de dédaigner en grands seigneurs, comme trop aisée à manier, la force de l'anticléricalisme.

Je voudrais seulement que cette force fût mieux utilisée, pour l'accomplissement du devoir qui nous préoccupe en ce moment, le devoir intellectuel. Je voudrais non-pas barrer ce torrent, mais bien le canaliser, pour faire tourner plus vite, par son énergie, le moulin de la science. Je voudrais rappeler en un-mot, à tous les anticléricaux, qu' « anticléricalisme oblige », à ceux qui ne se fient plus aux livres sacrés, qu'ils doivent pratiquer ces livres profanes qui sont les œuvres scientifiques, à ceux qui se proclament « libres penseurs », qu'ils doivent ne rien négliger, en effet, pour user de la pensée libre.

* *
*

Si l'on en croit plus d'un philosophe com-
temporain, ces habitudes seraient moins répandues qu'on ne le pense. « Que de gens [1],
s'écrie M. Jacob, se disent libres penseurs
et n'ont jamais pensé avec la moindre liberté !
Loin de produire leurs convictions par un
effort personnel, ils les reçoivent du dehors
toutes faites. Ils acceptent les affirmations
dogmatiques de l'Académie des Sciences ou
plus communément de leur journal avec la
même soumission irréfléchie avec laquelle le
dévot d'ancien régime accueillait les décisions
d'un pape ou d'un concile ; ils répètent leur
catéchisme matérialiste ou autre exactement
comme des adversaires qu'ils méprisent répètent leur catéchisme catholique ou protestant ».

M. Faguet observe de son côté [2] : « La pré-
tention de penser par soi-même n'a d'égale que
le peu de souci de penser en effet et une certaine impuissance à le faire. Il arrive que
l'ardeur dont on tient à un droit n'est point
du tout la mesure de la capacité d'en faire
usage, et il semble bien qu'aujourd'hui on

1. Livre cité (p. 116).
2. *Politiques et Moralistes*. IIe série, II (p. 13).

tient au droit de penser librement, beaucoup plus qu'on ne tient à penser quelque chose. »

Les anticléricaux méritent-ils vraiment ce reproche ?

Il faut bien constater qu'en fait l'anticlérical commun se présente souvent avec un bagage intellectuel assez mince. Quelques plaisanteries classiques sur les moines et les nonnes, — voire quelques pratiques superstitieuses, comme de toucher du fer quand il voit des prêtres —, voilà ce dont il se contente trop souvent. Le milieu même où il philosophe le détourne de la philosophie véritable : quelquefois, pour ne pas devenir pilier d'église, il devient pilier de café. Et ce sont, comme eût dit Don César de Bazan, des bouteilles qu'il « lit », oubliant que quiconque détériore, par l'alcool, sa part d'énergie cérébrale, manque évidemment au premier de ses devoirs intellectuels.

Sans tomber dans ces excès, combien oublient journellement ce qu'ils doivent, au nom même de leurs principes, à leur propre pensée ! Nous croyons bien volontiers que la terre tourne autour du soleil, parce que nous savons que « cela gêne les curés » dans les entournures de leurs traditions. Mais combien, parmi ceux-là mêmes qui participent à ce double privilège, le loisir et la culture, ont eu la curiosité d'essayer de comprendre, dans leur simplicité grandiose, les principes généraux de *la Mécanique céleste* ? Combien ont obéi au geste d'Arago, qui nous invite à regarder le ciel non pas seulement avec les yeux de la chair, mais avec les yeux de l'esprit?

De même nous ne croyons plus volontiers que les espèces animales ont été créées telles quelles en sept jours ; nous aimons mieux penser qu'elles se sont façonnées peu à peu elles-mêmes, par des efforts répétés à l'infini, après des luttes séculaires ; nous disons que nous sommes darwinistes. Beaucoup d'entre nous ont-ils cependant ouvert ce livre admirable, tant par les détails que par le plan, qui s'appelle *l'Origine des espèces?* Beaucoup, encore, se disent positivistes ou criticistes qui ne se demandent pas, peut-être, ce que c'est au fond que le positivisme ou le criticisme. A Montpellier, dans la bibliothèque de la ville natale d'A. Comte, on pouvait constater, il y a quelques années, que les œuvres complètes du fondateur du positivisme n'étaient pas coupées. A Perpignan, dans la ville où M. Renouvier a habité longtemps, qui sait si les œuvres du fondateur du criticisme n'ont pas le même sort ?

En vérité, ce sont bien des livres sacrés que ces livres profanes : « Sacrés ils sont, car personne n'y touche. » Trop souvent ainsi

nous nous contentons d'admirer de loin ces
grandes synthèses de la pensée moderne,
comme on admire de Toulouse le vague
contour des Pyrénées, sans s'en être approché pour se faire une idée des terrains qui
les composent ou des forces qui les ont
soulevées.

Le danger de ces admirations lointaines,
on le sent aisément : c'est qu'on risque de se
méprendre sur l'essence même de cette
science qu'on invoque. Faute d'exercices et
faute d'efforts, il arrive qu'on révère la puissance moderne avec une « mentalité » qui
reste archaïque, et que, dans la hâte d'opposer dogme à dogme, on demande aux disci-
plines scientifiques ce qu'elles ne veulent pas
donner. Par exemple, n'entendons-nous pas
parfois, dans nos Universités populaires,
affirmer la certitude rigoureuse des thèses
évolutionnistes, comme s'il s'agissait ou de
constatations purement expérimentales, ou de
vérités purement mathématiques ? N'y oublie-
t-on pas, quelquefois, de nuancer la pensée
comme la conscience scientifique l'exige, et
d'y marquer, dans l'édifice de nos connaissances, les distinctions nécessaires entre le
roc, les briques et les planches, entre les certi-
tudes acquises, les probabilités admises et
les rêves seulement permis ? C'est à ces distinctions pourtant qu'il faut habituer l'intel-

ligence populaire, si l'on veut projeter devant
elle non plus seulement une ombre carica-
turale, mais une réduction fidèle de la philosophie moderne. C'est quand nous aurons
changé non pas seulement nos idées, mais
nos méthodes, non pas seulement la semence,
mais le terrain, non pas seulement la lettre,
mais l'esprit, c'est alors que nous aurons
vraiment libéré nos pensées et que nous
pourrons compter un réel progrès intellectuel.

*
* *

Le but est haut placé, je le sais ; et peut être
vous semblera-t-il reculer à mesure que vous
vous en approcherez. Il n'importe : vous n'en
devez pas moins poursuivre avec obstination,
chacun suivant ses forces, votre perfectionnement intellectuel, et ne pas cesser d'augmenter votre bagage de connaissances. Vous
aurez, pour soutenir et récompenser ce long
effort, la perspective de servir ainsi non pas
seulement votre perfectionnement propre,
mais le perfectionnement social, et de hâter
chemin faisant, par la multiplication des vérités répandues, la réalisation de tant de réformes
attendues.

Il est remarquable, en effet, que nous
désirons tous, pour l'amélioration matérielle

et morale du sort du plus grand nombre, une action sociale plus méthodique et plus prévoyante. De plus en plus nous demandons aux organes de la collectivité de ne pas attendre, pour agir, que les fléaux soient déchaînés, ma᷄ autant que possible, de les prévenir et de prendre d'avance les mesures nécessaires à la défense sociale.

Mais à quelle condition une autorité collective, de quelque nature qu'elle soit, peut-elle mener à bien une œuvre pareille ? A la condition d'être comprise et soutenue par l'opinion. Tout le mécanisme social repose en dernière analyse sur des opinions, a dit Auguste Comte. Et il est trop vrai que bien souvent un état des opinions, dépendant lui-même de l'ignorance générale, retarde l'amélioration du mécanisme.

S'il s'agit, par exemple, du soin de la santé publique, qui ne sait le formidable rempart que l'ignorance oppose aux « croisades sanitaires » ? Vous vous souvenez de cés paysans russes qui, furieux des mesures qu'on leur prescrivait pour arrêter le choléra, voulaient brûler hôpitaux et médecins. Des nations plus éclairées ont vu parfois se produire, contre telle exigence de la médecine préventive, des oppositions moins brutales, mais non moins aveugles. C'est ainsi que, dans le pays de Jenner, une grande campagne était menée, récemment, contre la vaccination. Et, dans notre pays, de quelle façon voyons-nous qu'on accueille les mesures préconisées par l'hygiène sociale ? Trop souvent par des lazzi, par des haussements d'épaules : « Les microbes ? Des inventions de médecins pour ennuyer le pauvre monde ! » Si ces ennemis intimes et infiniment petits étaient mieux connus, plus populaires, et, d'une manière plus générale, si un plus grand nombre de faits biologiques étaient vulgarisés, la lutte contre la tuberculose ou contre l'alcoolisme serait mieux soutenue, la tâche des futurs ministères de l'hygiène publique serait singulièrement facilitée.

Et ce que nous disons là des faits biologiques, nous pourrions le répéter, toutes proportions gardées, des faits sociaux. Le plus grand obstacle aux réformes sociales est peut-être dans cette double tendance de l'opinion : l'optimisme et le fatalisme. « Le monde ne va pas si mal », pense le privilégié. « Peut-être n'ira-t-il jamais mieux », pense le déshérité. Et ainsi maintient-on les choses en l'état, persuadé, comme disait M. Leroy-Beaulieu, que les lois économiques actuelles sont éternelles, et « aussi bonnes qu'inéluctables ».

A cet optimisme d'en haut, c'est par des faits qu'il faut répondre. Une statistique a constaté que les enfants des classes ouvrières

mouraient moins en temps de grève : phéno-
mène inattendu, puisqu'en temps de grève la
famille ouvrière ne mange pas à sa faim et
souffre de toutes façons. Mais c'est que les
mères, restant à la maison, peuvent garder,
soigner et sauver leurs petits. Quel discours
vaut un fait de ce genre, pour prouver la
nécessité de limiter les heures de travail de
la femme ? D'une manière plus générale, qu'on
vulgarise les résultats des enquêtes sur le
travail à domicile, sur le *sweating system*, sur
la condition matérielle et morale du prolétariat
dans les grandes villes; c'est par ces faits
bruts, c'est par ces chiffres nus qu'on imposera
à tout le monde l'idée que « cela ne peut pas
durer », et qu'on ne peut pas continuer à
« laisser faire ».

Mais, pour que cela change, il faut encore,
il faut surtout secouer le fatalisme d'en bas,
et que la masse des déshérités ne se laisse pas
enlizer dans l'inertie. Et, pour l'en dégager,
rien ne vaut sans doute les exemples qu'on
peut agiter sous ses yeux. Qu'on lui refasse
l'histoire du syndicalisme anglais ou du
coopératisme belge. Qu'on lui rappelle les
humbles débuts, et les grands résultats de
ces deux mouvements. Qu'on lui prouve, par
des faits précis, ce que des travailleurs orga-
nisés ont pu, ici et là, d'ores et déjà conqué-
rir pour eux-mêmes et pour leurs frères, et

alors les foules ouvrières voudront devenir, d'amorphes, organisées, et susciteront toutes leurs énergies dormantes. Quand une troupe d'alpinistes hésite et rechigne devant une rampe, si elle aperçoit une autre troupe déjà montée qui agite fièrement les mouchoirs, son courage se rassemble, et la rampe est enlevée bientôt. Ainsi pourrions-nous, en portant aux retardataires la nouvelle des cols que leurs frères ont franchis, accélérer peut-être toute l'ascension sociale.

*
* *

On comprend donc pour quelles raisons ceux qui veulent réaliser, sur la terre, le plus possible de justice ont comme premier devoir de connaître et de faire connaître aux autres le plus de faits possibles. Mais leur effort ne doit pas s'en tenir là. Pour que la justice règne, il ne suffit pas de verser aux hommes des vérités nombreuses, il faut encore et surtout leur imprimer l'habitude de rechercher méthodiquement la vérité, c'est-à-dire d'observer soigneusement et de raisonner rigoureusement.

Une conduite juste ne suppose-t-elle pas, en effet, des idées justes[1] ? Notre attitude

1. Voy. le développement de cette idée dans le livre de M. Paul Lapie, *Pour la Raison* : « Plus il y aura de vérité

vis-à-vis de nos semblables ne dépend-elle pas des jugements que nous portons sur eux? Et ne risquons-nous pas à chaque instant de leur faire tort si nous avons l'habitude de nous abandonner à la prévention et à la précipitation ?

Que de pareilles habitudes soient malheureusement trop répandues, il est aisé de s'en rendre compte. Considérez seulement avec quelle complaisance nous accueillons le moindre « potin de concierge ». Les mondains savent avec quelle assurance superbe Mme X... affirme que Mme Y... a commis l'adultère ; et ceux qui fréquentent les ouvriers ont pu constater aussi avec quelle étrange facilité ils se dénoncent réciproquement comme des mouchards. Si ces hommes et ces femmes avaient le goût d'y regarder à deux fois avant d'affirmer des faits « en l'air », que d'injustices déjà seraient évitées !

Et combien on en éviterait encore si on se défiait, non pas seulement des observations inattentives, mais des généralisations abusives ! C'est une faute de ce genre qu'il commet, celui qui s'en va répétant que « tous les juifs sont des voleurs » parce qu'il a été jadis, dans sa carrière de commerçant, dupé par quelque juif. Et la faute n'est pas moins grave

dans les esprits, dit l'auteur, plus il y aura de justice dans la société. »

de celui qui, parce que quelque prêtre a été saisi dans son village en flagrant délit d'immoralité foncière, va répétant que « tous les prêtres sont des satyres ». Si l'on s'abandonne à ces défaillances journalières de l'esprit critique, on est bientôt perdu pour la justice ; on ne s'appartient plus ; on est à la merci du premier journaliste, du premier pamphlétaire, du premier menteur venu.

Il faut bien se rendre compte, en effet, que notre presse, telle qu'elle est organisée aujourd'hui, bien loin de nous aider à remplir notre devoir intellectuel, spécule, au contraire, sur nos faiblesses et nos lâchetés mentales, et nous habitue à vivre en plein mensonge. Vous avez pu remarquer, si vous avez assisté à quelque événement notable, à quel point il apparaît déformé dans les journaux divers. Notez bien que ces déformations ne tiennent pas seulement aux erreurs involontaires, mais bien souvent aux erreurs volontaires que les rédacteurs glissent dans leurs récits. Vous pourriez y reconnaître, par exemple, un même texte primitif, le texte de la dépêche de telle ou telle agence, mais presque partout enjolivé — l'un ajoutant des acclamations, et l'autre des sifflets, suivant les besoins des causes variées. Ainsi les malheureux qui font ce métier n'ont pas seulement la pratique méthodique du coup

de ciseau, mais celle du coup de pouce. Si le
lecteur n'y répond pas, de son côté, par la
pratique méthodique de l'esprit critique,
c'est une âme morte, et l'on ne sait pas
jusqu'à quelles hauteurs de démence la presse
pourra la faire tourbillonner.

Notre temps a vu de bien remarquables
phénomènes de ce genre. Vous connaissez les
plaisanteries que débite gravement chaque
matin un de nos plus fameux polémistes : il
ne se passe pas de semaine qu'il ne compare
nos ministres, quels qu'ils soient d'ailleurs, à
Tropmann ou à Cartouche. Je pense que la
postérité s'étonnera, non pas qu'il se soit
trouvé un individu pour inventer ces choses,
mais qu'il se soit trouvé un public pour y
croire. La fortune de l'antisémitisme français
ne paraîtra pas moins stupéfiante. Un immense
potin de concierge, une pyramide de racon-
tars, cimentés avec de la haine, telle est la
base de cette « philosophie scientifique ».
Qu'elle ait pu telle quelle convertir tant de
gens cultivés, cela n'est pas à l'honneur de
notre culture.

* *
*

Notre société est donc malade en effet,
malade parce qu'elle n'a pas rempli jusqu'au

bout son devoir intellectuel, parce que ceux d'entre nous qui sont anticléricaux se sont trop souvent contentés de contredire le cléricalisme, sans se préoccuper de comprendre et d'expliquer les faits et les systèmes, de pratiquer et d'inculquer les méthodes et l'esprit même de cette science dont ils se disent les champions. Le devoir intellectuel est bien inscrit au fronton du temple; mais, dans ce temple nouveau, les foules ne se pressent pas, et peu se soucient d'honorer l'esprit comme il veut être honoré, par l'énergie de la réflexion personnelle, par l'intensité de la vie spirituelle.

Conclusions pessimistes, mais qui doivent décupler notre ardeur, s'il est vrai que, pour l'homme d'action véritable, il n'est pas d'excitant plus fort que la profondeur même de l'abîme qu'il s'emploie à combler. Travaillons donc plus que jamais dans ces humbles Universités populaires, qui sont, a-t-on dit, comme des « foyers de conscience ». Pendant que la masse est encore endormie, que nos petites troupes continuent d'aller de l'avant, portant haut leurs flambeaux, offrant le feu à qui le demande. Et ainsi, de proche en proche, dans la forêt ténébreuse où nous vivons, la lumière gagnera...

LA CRISE DU LIBÉRALISME [1].

Nous reconnaissons tous qu'il existe aujour-d'hui une crise du libéralisme. Qu'entendons-nous par là ?

Ce n'est pas du libéralisme économique que nous voulons parler. La doctrine qui se formule ainsi : « Laissez faire, laissez passer, laissez les hommes s'écraser les uns les autres dans l'universelle concurrence » ne nous paraît plus traverser une crise ; nous dirions plutôt qu'elle est morte et enterrée. Une petite es-couade d'économistes, orthodoxes et impéni-tents, renforcée de deux ou trois naturalistes, défend encore son tombeau avec l'énergie du désespoir. Mais en fait, aucun gouvernement,

1. Conférence faite à l'Université Populaire de Montau-ban, le 18 février 1902. (Nous avons relu en préparant cette conférence, dans les *Cahiers de la Quinzaine* et les *Pages libres*, les enquêtes et documents concernant la liberté de penser, les discours prononcés à la Chambre pour ou contre la loi sur les associations, pour ou contre la liberté des professeurs, les conférences réunies sous ce titre : *Pour la liberté de conscience* [Cornély].)

aucun parti n'oserait pousser l'optimisme ou le fatalisme au point de proclamer qu'il renonce, dans l'ordre économique, à toute espèce d'intervention.

C'est sans doute que tout le monde s'est rendu compte, plus ou moins clairement, que cette concurrence entre individus égaux, postulée par la doctrine, n'a jamais été qu'un mythe. Jamais on n'a vu, sur le terrain économique, les individus lutter nus et livrés à leurs seules forces ; toujours les uns sont entrés dans la lice avec le bouclier ou la lance, tandis que les autres n'avaient que leurs bras ; ceux-là étaient d'ores et déjà « possédants» ; ceux-ci « non possédants ». Si l'on n'accepte pas que les uns soient, directement ou indirectement, exploités par les autres, si l'on souhaite qu'un peu plus d'équité s'introduise jusque dans les relations économiques, il faut bien admettre aussi que la collectivité organisée doit, d'une façon ou d'une autre, intervenir dans ces relations pour les surveiller, réglementer et humaniser. Sur la mesure et sur les meilleurs points d'application de cette pesée, les opinions aujourd'hui vivantes diffèrent grandement sans doute ; mais, sur le principe, on peut dire que l'accord est fait et la cause entendue. Dans l'ordre économique, le libéralisme absolu a vécu.

Mais en est-il de même dans l'ordre intellectuel? « Laissez parler, laissez penser, laissez les hommes s'éclairer les uns les autres par l'universelle discussion. » Telle serait la formule du libéralisme intellectuel absolu. Il exige, pour tous les individus sans exception, le droit de tout dire sans restriction. Il interdit à la collectivité d'empêcher, d'une façon ou d'une autre, ses membres de parler, d'écrire et de se réunir, pour échanger ou propager leurs idées. Dans quelle mesure ce libéralisme-là est-il aujourd'hui vivant? Voilà ce que nous voulons rechercher.

*
* *

À considérer les déclarations de principes, les formules et les programmes, il semble qu'aucune doctrine ne soit plus en faveur auprès de nous.

Tous nos gouvernements ne proclament-ils pas à l'envi qu'ils veulent protéger également tous les citoyens, sans distinction d'opinion? Et de même, ne voit-on pas tous nos partis rivaliser à qui défendra le mieux la liberté de penser? Les radicaux prétendent sans doute se consacrer tout spécialement à cette tàche. Mais aucun autre parti ne consentirait à leur en laisser le monopole. Le socialisme nous avertit que, absorbé par l'administration des

choses, il gouvernera les personnes aussi peu
que possible. Il démontre qu'il n'est pas l'opposé, mais l'aboutissant logique de l'individualisme. D'après lui, les pensées individuelles
seront d'autant plus sûrement émancipées
que les propriétés auront été plus méthodiquement socialisées. Communauté des biens,
individualité des personnes, voilà notre devise, disent les communistes eux-mêmes.
Chose plus remarquable, les partis les moins
avancés ne veulent, sur ce terrain, se laisser dépasser par personne.

C'est ainsi que le parti « clérical » prétend
à son tour défendre la liberté de penser. Et à
vrai dire, celui-là possède, dans son passé, des
souvenirs un peu gênants. Il fut un temps —
qui n'est pas bien loin — où les grands chefs
de ce parti disaient : « Le Syllabus sera notre
drapeau. » Mais aujourd'hui on met ce drapeau dans sa poche et l'on accuse ses adversaires de « tuer tous les jours les immortels
principes ». Il n'est pas jusqu'à l'antisémitisme
qui n'hésite à heurter ces principes de front.
Parmi les souscripteurs éloquents dont ses
journaux recueillent l'obole et les pensées,
s'il en est qui écrivent ingénûment: « Un qui
excuse l'Inquisition », d'autres protestent ;
« un qui crie : « Vive la liberté pour tout
le monde ! » on ne dit pas qu'il faut bouter
les juifs hors de France parce qu'ils ne sont

pas de notre religion, mais parce qu'ils ne sont pas de notre race. A l'exemple de son frère aîné, l'antiprotestantisme reprochera aux protestants leur « race inassimilable » mais il se gardera de leur reprocher leur confession. Tant il est vrai que tout le monde a peur d'avoir l'air d'attenter au libéralisme intellectuel. Ceux-là mêmes qui, sans doute, lui donneraient le plus volontiers un coup de couteau se croient obligés de lui accorder respectueusement un coup de chapeau.

Tout le monde a donc ce libéralisme à la bouche, mais combien l'ont dans le cœur? Un pessimiste répondra : « Personne. » Ce serait excessif. Nous avons tous rencontré de ces hommes singuliers chez qui le sentiment libéral est passé à l'état d'instinct, d'autant plus âpres à défendre les droits de leur voisin que leur voisin est plus éloigné de leurs opinions. Bien plus, nous avons tous éprouvé peut-être, à de certaines heures privilégiées, la douceur de ce sentiment. C'est parfois un plaisir, d'un genre et d'un prix tout particuliers, de causer le plus posément, le plus aimablement du monde avec un homme que nous savons être un adversaire irréductible, à l'opposé, à « l'antipode » de nos idées. On se dit alors, *in petto :* « Il y a trois cents ans, tu m'aurais sans doute envoyé au bûcher; il y a cent ans, je t'aurais peut-être envoyé à

l'échafaud. Les temps sont bien changés ! »
On mesure ainsi et l'on admire, en soi-même,
le progrès de l'humanité. De là une impres-
sion complexe et qui ne manque pas de charme.

Mais les gens qui goûtent et recherchent
un pareil plaisir sont-ils nombreux ? De-
viennent-ils surtout de plus en plus nombreux ? Le sentiment libéral est-il en hausse
dans l'esprit public ? C'est ce qu'on ne saurait
soutenir sans paradoxe. Pour peu qu'on exa-
mine seulement non plus les principes et les
formules répétées, mais les lois ou les mesures réclamées par les différentes opinions,
on s'apercevra vite qu'il n'est personne qui
n'ait au moins une liberté à brider, ou à museler. Les uns veulent qu'on expulse les
moines, comme les autres, les anarchistes.
Celui-ci demande à grands cris qu'on fasse
taire les professeurs nationalistes, comme
celui-là, les professeurs socialistes. Et sans
doute tous ceux qui ont ainsi une liberté à
attaquer ont aussi le plus souvent une liberté
à défendre. Ils peuvent soutenir, en ce sens,
qu'ils restent partisans de la liberté. Mais être
partisan de la liberté pour les uns, non pour
les autres, est-ce vraiment rester partisan de
la liberté ? Reconnaître qu'elle est bonne pour
certains, non pour tout le monde, bonne pour
Pierre, non pour Paul, n'est-ce pas avouer
qu'elle n'est pas bonne en soi ?

En fait, si l'on n'aime pas encore à avouer publiquement cette conséquence, beaucoup de gens, dans l'intimité, l'accordent sans plus de façons. Si vous vous inquiétez devant eux de l'avenir du libéralisme, ils vous font doucement entendre que le libéralisme est une coquetterie surannée. Le principe a pu être très utile pour aider le peuple à briser le carcan des traditions autoritaires ; mais maintenant que le peuple est son maître, que sa tâche est de « s'organiser », et non plus seulement de s'émanciper, une liberté de penser sans freins et sans limites serait plutôt une gêne. Elle rendrait la vie impossible à la société nouvelle.

Serait-il donc vrai ? Le libéralisme intellectuel devrait-il suivre la destinée du libéralisme économique ? Faudrait-il le reconduire aujourd'hui, couronné de fleurs, aux portes de la République, comme incompatible avec les nécessités de l'organisation sociale ? La question mérite une réflexion patiente. Faisons donc remonter notre réflexion jusqu'aux conditions d'existence des sociétés ; et nous reconnaîtrons peut-être qu'en effet, une société professant et pratiquant un libéralisme intellectuel absolu serait chose beaucoup moins normale et beaucoup plus paradoxale qu'il semble au premier abord.

*
* *

Que faut-il pour qu'une société vive, et
pour que les individus, par suite, puissent
jouir des bienfaits de la vie en société?
Une certaine dose d'unité, sans laquelle les
individus ne sauraient former un corps.
Et que suppose cette unité à son tour? Un
minimum de ressemblance, d'obéissance et
de concentration.

Il est certain en effet que des relations sociales ne peuvent se greffer que sur un certain nombre de ressemblances. Si deux individus diffèrent au point de n'avoir aucune
idée, aucune tendance, aucune habitude com-
munes, il ne saurait y avoir entre eux de con-
trat, de commerce, de conversation même.
Le plus souvent, dans la vie courante, nous
baignons au milieu des similitudes de toutes
sortes ; et c'est pourquoi nous n'apprécions
pas, nous ne percevons pas nettement leur
utilité. Mais qu'elles viennent à disparaître
une à une, et la vie sociale devient de plus
en plus malaisée. A la limite, elle périrait
par l'absence d'unanimité, comme la vie ani-
male par l'absence d'oxygène.

Mais il ne suffit pas, pour qu'ils constituent
une société, que les individus se ressemblent ;

encore faut-il qu'ils acceptent, d'un aveu commun, de se plier à un certain ordre, qu'ils tiennent également un certain nombre de choses pour défendues, qu'ils obéissent en un mot à une loi. Quelque forme que la règle revête, qu'elle soit écrite ou non écrite, gravée dans les codes ou seulement dans les esprits, il n'y a pas de société qui dure sans une règle respectée. Si les ressemblances constituent l'âme, le respect de la loi constitue le squelette d'une société.

Il importe enfin à son unité, qu'elle n'ait, pourrait-on dire, qu'un système nerveux. Il lui faut, pour organiser ses mouvements, un centre unique. Si les individus qui la composent se laissent coordonner autour de centres différents, s'ils reconnaissent des pouvoirs antagonistes, s'il se forme, en un mot, des Etats dans l'Etat, alors la société risque d'être tiraillée, disloquée, scindée. — Et c'est pourquoi nous disions qu'à la ressemblance et à l'obéissance, la concentration devait s'ajouter, pour la réalisation parfaite de l'unité sociale.

Mais si telles sont bien les conditions d'existence des sociétés, qui ne voit que cela devient en effet une gageure pour elles, que de se plier aux exigences extrêmes du libéralisme intellectuel ? Si son idéal était réalisé, si chaque individu pensait par lui-même et se constituait des idées personnelles, ne serait-ce pas la ruine de cette unanimité qui permet seule aux individus de s'entendre et de s'en-tr'aider? Chacun pensant par soi, c'est bientôt chacun vivant chez soi. Toute action commune devient impossible où l'individualisme intellectuel triomphe; c'est Babel qui recommence.

Dira-t-on que ce danger est illusoire, parce qu'en fait peu d'individus ont la force de penser par eux-mêmes et de se constituer des idées personnelles? que la plupart se laisse-ront toujours volontiers endoctriner, enrôler, enrégimenter, et qu'ainsi le nombre des idées qui se partageront la société sera toujours très petit? Un danger non moins grave appa-raît alors. On peut craindre, en effet, non plus que la société s'émiette et retourne en poussière, mais qu'elle se scinde et se disloque en deux ou trois blocs irréductibles. Ce n'est plus seu-lement dans son unanimité, c'est dans sa con-centration qu'elle serait atteinte.

Enfin — chose plus grave encore, — cette quantité d'obéissance indispensable à toute vie sociale, la société ne risquerait-elle pas de la laisser perdre en laissant tout dire? Là où les opinions les plus « subversives » ont aussi libre cours que les autres, comment la loi serait-elle longtemps respectée? La parole est l'avant-coureur en même temps que l'éclaireur de l'acte. Des citoyens jouissant d'une liberté

illimitée passeront vite de la critique à la violation de l'ordre social.

Et ainsi, en accordant cette liberté, la société donne des armes terribles contre elle-
même. La liberté est le bélier qui ébranle ses
lois ou le pilon qui la réduit en miettes,
ou la hache qui la découpe en tronçons. De
toute manière, qu'elle efface les ressemblances, encourage la désobéissance ou con-
trarie la concentration, la liberté mine l'unité
nécessaire à la vie sociale.

*
* *

Mais qui ne sent l'exagération des conclusions auxquelles cette déduction nous conduit?
Descendons, dira-t-on, de la région des principes à la réalité sociale. Ouvrons seulement
les yeux sur le siècle. Nous constaterons aisément que l'arbre du libéralisme est bien loin
d'y avoir porté ces fruits empoisonnés. Après
comme avant sa croissance, les membres de
notre société continuent d'être très suffisam-
ment concentrés, assimilés et dociles.

La parole, disiez-vous, est l'avant-coureur de
l'acte, et ainsi la doctrine subversive risque
de traîner derrière elle une foule désordonnée
d'actes illégaux. En fait, entre la parole et
l'acte, il y a heureusement une distance res-

pectable, et que les plus audacieux hésitent à franchir d'un bond. Même lorsque leurs critiques sont tournées directement contre l'ordre social, leur conduite reste dans l'ordre. Et qui sait si le plus sûr moyen d'obtenir le plus grand respect pour la loi n'est pas d'accorder le plus grand respect à la pensée ? La liberté de tout dire est une soupape de sûreté, qui permet à l'énergie révolutionnaire de s'évaporer en paroles. Et c'est pourquoi il nous semble entendre la société dire familièrement aux plus exaltés de ses membres : « Parle toujours, tu ne m'émeus guère ; car je sais bien que tu paieras tes impôts et que tu feras ton service. Organisée comme je l'ai été par un travail séculaire, je puis laisser monter les protestations individuelles ; la grande voix de la loi domine leur tumulte. »

Craignez-vous que ce conformisme ne reste tout extérieur, et que, par la pratique de l'absolue liberté de penser, chaque individu tirant de son côté et suivant son rêve, le ciment de la communauté ne se désagrège de plus en plus ? Mais c'est mal connaître les conditions et les limites sociales de l'activité intellectuelle. En fait, dans un même groupe, les divergences doctrinales, religieuses, métaphysiques ou même politiques, n'empêchent pas les esprits de converger vers une même science ou plutôt vers un même sentiment du bien et du mal. On diffère sur les principes qui justifient ce sentiment, ou sur les mesures qu'il conviendrait de prendre pour réaliser ses exigences. Mais dans un même cercle et à un même moment de la civilisation, des idées analogues sur ce qui est désirable et sur ce qui est juste, une même « table des valeurs » planent, plus ou moins nettes, devant à peu près tous les yeux. C'est pourquoi laissons les enfants d'une même société tendre à tous les vents la voile de leur pensée ; alors même qu'elles s'élancent l'une contre l'autre, toutes ces barques sont dérivées et emportées par le même courant.

Que si vous craignez par-dessus tout, non plus la dissolution, mais la déconcentration sociale, la conversion et l'enrégimentation de grandes masses qui formeraient des Etats dans l'Etat ; comptez alors sur la résistance que ces individus, aidés précisément par l'esprit du siècle, opposeraient les uns aux autres. Au nom même de l'égalité que nous avons proclamée, la majorité refusera de se laisser endoctriner. Chacun n'aura de confiance qu'en son propre jugement, personne ne voudra, comme on dit, « abdiquer sa jugeotte ». C'est pourquoi il sera de plus en plus difficile de discipliner des foules et de les faire marcher, comme un seul homme, à la parole d'un maître. Laissons donc les citoyens se grouper à leur guise ;

leurs groupements, où ils porteront les habitudes et les exigences de la liberté et de l'égalité, ne sauraient être qu'instables et flottants, incapables en un mot de troubler durablement l'unité de l'Etat.

Ainsi, sur tous les points, il apparaît que nous rêvions des périls illusoires. En reprenant pied sur la terre, nous constatons que le libéralisme n'ébranle nullement les conditions d'existence de nos sociétés : leurs formes, leurs traditions, leurs tendances sont là pour limiter ses écarts et l'empêcher de nuire. En abandonnant tout à nos libres discussions, la société ressemble à un père qui ouvrirait à ses enfants la grande salle de la maison de famille en leur disant : « Courez, dansez, battez-vous ici à votre aise ; la maison ne craint rien, elle a été bâtie par nos aïeux, de main de maître. »

De la maison commune notre société peut dire aussi qu'elle ne craint rien, s'il est vrai qu'elle repose sur ses trois piliers, lentement dressés par notre histoire : la ressemblance, l'obéissance et la concentration.

Ainsi nous paraît-il, raisonnent inconsciemment ceux qui défendent envers et contre tous la cause du libéralisme. S'ils tiennent qu'il ne faut poser aucune borne à la liberté des pensées individuelles, c'est qu'ils escomptent la résistance de l'unité sociale, arc-boutée à tant de forces séculaires. Au fond du libéralisme absolu, il y a un acte de confiance dans la puissance de l'organisation historique. Si l'on s'incline sans difficulté devant le principe abstrait d'une liberté sans limites, c'est qu'on se fie, pour lui faire contrepoids, à la conspiration des circonstances, à la pesée du fait, à la force des choses. Cette confiance secrète est l'oreiller du libéralisme.

*
* *

C'est sur cette confiance que s'endormaient, il y a quelques années, beaucoup de libéraux.

Mais n'est-ce pas précisément un des résultats de l'histoire de ces dernières années que d'avoir ébranlé ce qui semblait inébranlable ? Au pied des trois colonnes sur lesquelles repose l'unité sociale, les plus optimistes n'ont pas perçu certaines secousses inattendues et révélatrices ? Ainsi s'expliquerait la crise où nous nous débattons aujourd'hui.

La première secousse fut ressentie, il y a quelque temps déjà : lors des attentats anarchistes. Il fallut bien convenir alors qu'entre la parole et l'acte les distances ne sont pas toujours gardées. Il y a des doctrines qui éprouvent le besoin de compléter « par le fait » leur propagande ; elles ne se contentent

pas de prêcher seulement, mais elles pratiquent systématiquement la violation des
lois ; elles ne craignent pas de tuer pour convaincre. Dès lors, puisqu'il y a des paroles
qui tuent, n'est-il pas juste d'assimiler la
parole à l'action ? N'est-il pas nécessaire
d'arrêter la flèche avant qu'elle n'ait frappé,
et au moment même où on la lance ? La
réflexion s'imposait aux plus libéraux, et
ainsi l'esprit public était préparé à accepter
la reconstitution de délits d'opinion, la restriction, sur certains points au moins, des
libertés de la parole et de la presse.

Il faut d'ailleurs le reconnaître, ce ne sont
pas seulement les doctrines anarchistes qui
sont responsables de cet état d'esprit, mais
bien, d'une façon plus générale, les mœurs
de notre presse. Qu'on analyse les procédés
qu'emploient, de plus en plus fréquemment,
des journaux de plus en plus nombreux, et
l'on devra convenir que la liberté dont ils
usent n'a que peu de rapports avec ce qu'on
louait, jadis, sous le nom de liberté de penser. Car ce n'est guère à la pensée qu'ils
s'adressent. On dirait qu'ils n'essaient plus
de convaincre leurs lecteurs par des procédés
logiques, mais bien plutôt, afin de les mieux
lancer sur l'ennemi, de les hypnotiser par des
procédés mécaniques — en répétant chaque
jour, sans prendre la peine de les démontrer,

les mêmes affirmations. De plus en plus, on écrit à coups de poing.; et l'article rentre aisément sous la catégorie des voies de fait. Quand ils rompaient des lances en l'honneur de la liberté de la presse, les vieux libéraux se la représentaient dans leurs rêves comme on ne sait quelle figure olympienne, au front large et lourd de pensée ; ils n'avaient pas prévu qu'elle deviendrait l'alcoolique échevelée que nous connaissons tous, qui parcourt en hurlant les trottoirs de nos rues, incapable de raisonner et ne sachant plus que vomir l'injure. Ce progrès remarquable de la brutalité et de la grossièreté ne pouvait que desservir, dans l'opinion commune, la cause du libéralisme.

Une autre secousse, plus rapprochée, devait d'ailleurs rendre bien des esprits inquiets sur la solidité de la communion spirituelle nécessaire à notre vie sociale. « Peu importent, disions-nous, les divergences doctrinales qui séparent les individus ! Toutes les théories, dans un même temps et dans un même pays, ne ramènent-elles pas à peu près aux mêmes sentiments ? » Mais, lorsque le grand cas de conscience qu'escomptait Tolstoï s'est posé pour la France, quand « l'Affaire » a obligé la nation à réfléchir sur les principes mêmes de la conduite, on s'est aperçu que ces divergences doctrinales avaient plus de poids qu'on ne croyait. Bien des différences qu'on tenait pour désormais émoussées, — comme les différences de religions — se sont traduites en antagonismes pratiques. N'a-t-on pas vu, remarquait M. Lavisse, les deux confessions qui se disputèrent naguère les âmes, se séparer nettement sur l'affaire en litige et, — presque sans exceptions, — entraîner d'un même mouvement tous leurs fidèles l'une à droite et l'autre à gauche? Ainsi, bien des oppositions « philosophiques », qui semblaient devoir rester, dorénavant, théoriques et superficielles, se révélaient comme singulièrement profondes. Aux éclairs de la tempête, il apparaissait que des gens qui semblaient voisins étaient séparés en réalité par des abîmes; il apparaissait que ceux qui ne pouvaient s'entendre sur tel point particulier ne s'entendaient déjà plus, en réalité, presque sur aucun point. Ils n'avaient plus la même façon de comprendre les rapports de l'autorité avec l'esprit critique, de la tradition nationale avec la justice, de la raison d'Etat ou de l'esprit de corps avec le droit individuel. Toute leur conception de la vie les opposait radicalement, les dressait, les jetait les uns contre les autres. Et dès lors toute vie sociale ne devait plus être entre eux qu'un déchirement perpétuel. C'est alors que beaucoup se demandèrent s'il n'y aurait pas lieu en effet

de travailler, — fût-ce au prix de quelques
sacrifices demandés à la liberté, — à « refaire
l'unité morale de la France ».

Une troisième secousse se faisait d'ailleurs
sentir, plus inquiétante encore, portant non
plus seulement sur la colonne de l'obéissance
ou des ressemblances, mais sur celle de la
concentration. Et sur ce point, à vrai dire,
c'est tout le long du siècle que les ébranle-
ments s'étaient répétés, comme pour rappeler
à notre pays que si son histoire l'a fait en un
sens le plus unifié et le plus centralisé de tous,
elle l'expose aussi plus que tout autre, par
un certain côté, à la division intime et à la
dislocation.

Imaginez, en effet, que, parmi les sociétés
qui s'étendent sur un territoire, il s'en trouve
qui fassent profession de confisquer préala-
blement la liberté des individus qu'elles
englobent. Imaginez qu'elles cherchent leur
inspiration profonde hors du siècle, leur
direction suprême hors du pays, et consi-
dèrent en conséquence tout libéralisme intellectuel comme une hérésie abominable. Imaginez encore que l'esprit dont ces sociétés
sont les héritières ait jadis régné en maître
absolu sur les âmes, qu'il ne puisse prendre
son parti d'être dépossédé de ce gouvernement, et travaille par tous les moyens à le
reconquérir. Par le but poursuivi et les

méthodes employées, de pareilles sociétés ne seraient-elles pas, pour un Etat moderne, de dangereuses locataires, bien faites, suivant l'expression de Mirabeau, « pour rompre l'unité de ses principes et l'équilibre de ses forces » ? et le plus libéral oserait-il les laisser croître et multiplier chez lui en toute liberté ?

Or, beaucoup de gens pensent que l'hypothèse que nous venons de former, bien loin d'être un rêve en l'air, correspond exactement à la réalité historique. Ils nous rappellent qu'on voit croître chaque jour le nombre et le pouvoir des milices que le catholicisme a su discipliner pour servir son idéal séculaire ; comment il dresse ainsi, au milieu de la société laïque, une sorte de mur vivant où s'arrête l'universelle discussion, où toute idée nouvelle se heurte et retombe sans force ; comment enfin, supprimant la liberté intellectuelle de ses soldats, il continue de menacer, au nom de l'autorité que l'Eglise tient de Dieu, toute liberté intellectuelle. « Voulez-vous, ajoutent-ils, mesurer à quel point ce besoin de domination est tenace et vivace, relisez seulement le procès des Pères Assomptionistes : suivez-les essayant d'enrégimenter assez de « caractères pliables » pour constituer dans toute la France, suivant leurs propres expressions, « un service complet, une administration à côté de l'adminis-

« tration, une mairie et une justice de paix
« à côté de la mairie et de la justice de paix
« ordinaires », aboutissant ainsi (ce sont eux
qui parlent encore) « à un groupement presque
formidable de forces, agissant comme sous
l'impulsion d'une seule pensée ». De pareilles
révélations ne vous feront-elles pas réfléchir
en vous prouvant, avec toute la clarté désirable, que les adversaires de la liberté pour-
suivent leur œuvre, changeant seulement
leur procédé ? Ce n'est plus la vague furieuse
heurtant de front les murailles, mais la pluie
obstinée les pénétrant goutte à goutte. C'est
la méthode de l'infiltration substituée à la
méthode de l'assaut. Mais celle-là n'est-elle
pas encore plus dangereuse que celle-ci ? Des
infiltrations de ce genre élargissent peu à peu
les fissures, désagrègent les ciments, ébran-
lent les fondements mêmes : un beau matin,
peut-être, la maison se trouvera à terre, et
la liberté sous ses ruines. Et il sera trop
tard alors pour la défendre.

Le problème devient plus compliqué et plus
troublant encore pour qui est attentif non plus
seulement aux conséquences de la liberté
d'association, mais aux conséquences de la
liberté de l'enseignement. Il n'y a pas lieu,
disions-nous, de protéger les hommes contre les
doctrines ; chacun d'eux a le pouvoir en même
temps que le droit de discuter ce qu'on veut lui

faire croire ; la majorité ne se laissera donc pas endoctriner sans résistance. Mais ce qui est vrai de l'homme est-il vrai encore de l'enfant ? Cette capacité de résistance que nous escomptions, l'individu ne la possède pas sans doute dès ses premières années ! Un jeune cerveau est au contraire malléable à merci, prêt à recevoir docilement toutes les empreintes qu'on voudra lui imposer. Dès lors la société peut-elle légitimement laisser n'importe qui enseigner n'importe quoi ? En particulier, permettra-t-elle, à ces associations spéciales dont nous parlions, de façonner l'esprit de l'enfant suivant leur idéal ? N'est-il pas à craindre qu'elles ne lui transmettent pas toutes les vérités auxquelles il a droit ? Ne seront-elles pas comme instinctivement portées à lui voiler les conséquences naturelles d'un certain nombre de faits historiques, ou de lois scientifiques, qui pourraient les gêner dans leurs traditions ? Seront-elles surtout bien préparées et bien disposées à lui donner, — envers et contre elles-mêmes, contre leur passé, contre leur avenir, — ces habitudes de réflexion personnelle et de libre examen sans lesquelles la liberté de penser n'est qu'une forme vide ?

Il faut remarquer d'ailleurs qu'en pareille matière la société n'a pas seulement à redouter l'unanimité *sui generis* de ces associations enseignantes, mais aussi bien l'excentricité des individus. La méthode anarchique n'apparaîtrait pas comme moins illégitime ici que la méthode autoritaire. Qui soutiendrait que les professeurs de l'Etat ont le droit de modeler à leur guise, et sans autre règle que leur caprice, le cerveau des enfants que la société leur confie ? Et s'il s'en trouvait parmi eux qui fissent profession de prêcher la désobéissance à la loi, de froisser, de blesser systématiquement la conscience sociale dans les sentiments les plus universellement respectés et jusque dans l'instinct de la conservation nationale, pourrait-on les laisser investis de l'autorité pédagogique?

Telles sont les diverses questions qui se sont posées toutes ensemble devant les diverses fractions de l'opinion. Et c'est à cause de ces questions qu'on a accepté ou demandé, de côtés différents, tant de mesures destinées à restreindre ou à surveiller les différentes libertés : liberté de la presse, liberté d'association, liberté de l'enseignement, liberté des professeurs. On s'est, en un mot, aperçu que les forces de résistance sur lesquelles la société comptait instinctivement pour parer aux dangers du libéralisme — obéissance, ressemblance, concentration — commençaient à céder les unes et les autres. L'unité sociale est menacée dans ses conditions d'existence. Les trois garde-fous se descellent. Il faut donc les ren-

forcer ou les remplacer. Tel est le sentiment
dominant, plus ou moins clairement aperçu,
qui nous explique et nous fait apparaître
comme naturelle la crise actuelle du libéralisme.

*
* *

Est-ce à dire que les diverses mesures « an-
tilibérales » qu'on nous propose aujourd'hui
doivent nous apparaître d'ores et déjà comme
justifiées, et qu'il faille céder, sans résistance,
à la poussée du sentiment dont nous venons
d'expliquer la formation ?

Plus le sentiment est violent, plus notre
réflexion doit être sur ses gardes. Plus il
importe, avant que nous prenions parti, que
nous pesions tout ce que pourraient opposer,
aux mesures dont on espère tant, des libéraux
irréductibles.

Et d'abord, pour commencer par celles qui
semblent le plus indispensables, on pourra
soutenir que c'est déjà un danger de refuser
la liberté commune aux doctrines « subversives » et destructives de l'ordre social.
« Comme si, a déclaré un homme d'Etat,
contre l'ordre social il pouvait y avoir une
liberté ! » Aphorisme redoutable, les plus mo-
dérés en ont fait la remarque, et grâce auquel
un gouvernement peut justifier tout l'arbi-

traire du monde. Il n'est pas de doctrine, il
n'est pas d'association qui ne puisse être
accusée d'attenter, directement ou indirectement, à l'ordre établi. Seules, a-t-on dit, des
sociétés comme celle qui se consacre à la protection des éléphants échapperaient sûrement
au grief : encore pourrait-on leur reprocher,
peut-être, de nous exposer à des embarras
diplomatiques. Là où l'autorité jauge les opinions, là où on lui permet, directement ou
indirectement, de les estimer compatibles
ou incompatibles avec l'ordre, tolérables
ou insupportables, la liberté est malade. La
façon dont quelques-uns usent aujourd'hui
de leur droit de tout dire nous choque et nous
effraie? Rappelons-nous seulement la façon
dont les gouvernements usent d'ordinaire de
leur droit de tout surveiller. Nous comprendrons alors que la « licence » est peut-être
une sauvegarde de la liberté véritable, comme
la révolte est une condition du progrès ; et
qu'enfin l'histoire a inscrit jusqu'ici, au compte
de l'autorité, singulièrement plus d'excès
qu'au compte de la liberté.

En fait, continuera-t-on, sans chercher si
haut dans les siècles, vous avez pu voir comment, de notre temps même, les gouvernements emploient les armes qu'on met à leur
disposition. Sans aller jusqu'à dire que les lois
gagnées il y a quelques années sur le libéra-

lisme, au moment de la terreur anarchiste, furent des « lois scélérates », il semble bien — plus d'une enquête récente l'a révélé — que ces lois couvrirent nombre de mesures arbitraires et autorisèrent, pour toute une catégorie de suspects, un régime de petites persécutions sans analogue. L'expérience a de quoi faire réfléchir ceux-là mêmes qui étaient le plus disposés à accepter une reconstitution des délits d'opinion et une restriction des libertés de la presse.

Les lois dirigées contre certaines associations ne seraient peut-être pas moins dangereuses.

Il est certain que la formation d'Etats dans l'Etat est un péril de mort auquel il faut parer. En ce sens on a eu raison d'armer nos gouvernements, représentants de la société laïque, contre ces groupements religieux dont l'organisation spéciale est une menace perpétuelle pour la liberté de tous. Mais, d'autre part, n'est-ce pas un péril aussi et une menace perpétuelle pour la liberté de tous qu'un gouvernement trop fort et trop bien armé contre les « sociétés particulières » ? Nos plus grands théoriciens de la politique, de Benjamin Constant à Tocqueville, nous l'ont rappelé : là où il ne se rencontre plus, en face du pouvoir central, qu'une poussière d'individus, la voie est libre pour le despotisme. Un état hypertrophié devant une masse inorganisée d'individus, c'est, disait plus récemment M. Durkheim, une véritable monstruosité sociologique. Un organisme aussi singulièrement constitué ne semble plus capable d'aucun progrès.

Et que ceux-là prennent aisément leur parti d'une situation pareille qui pensent intimement qu'en effet il n'y a plus de progrès social à réaliser, passe encore ; mais pour ceux qui attendent et réclament une rénovation profonde de la société, et en particulier une réorganisation complète de la vie économique, comment ne sont-ils pas effrayés de tout ce qui tend à arrêter l'essor et à limiter le développement des associations? Pour assurer cette réorganisation complète, ce n'est pas sur l'administration de l'Etat que l'on compte — la besogne, nous dit-on avec raison, est trop complexe pour sa bureaucratie — mais bien sur la fédération de sociétés puissantes, possédantes et disciplinantes. N'est-il pas imprudent dès lors, d'augmenter, vis-à-vis de toutes les sociétés quelles qu'elles soient, la puissance de l'Etat?

En ce sens, il a pu sembler que dans les débats sur les associations, les socialistes français écoutaient les passions du moment plus que les intérêts de leur propre parti. Comment n'ont-ils pas vu, a-t-on dit, que la plupart des arguments qu'ils lançaient dans le débat pouvaient quelque jour leur retomber sur la tête ! Combien l'attitude des socialistes belges semblait plus logique — à la fois plus courageuse et plus prudente — lorsque Vandervelde s'écriait : « Les formes sociales qui ne sauront pas s'adapter aux besoins de l'avenir disparaîtront d'elles-mêmes. Nous n'avons pas peur du Sacré-Cœur quand nous pouvons élever une Maison du peuple, où l'on enseigne la bonne parole socialiste. »

Et nous savons bien ce que les socialistes français répondraient : « Entre eux et nous, entre les milices catholiques et les milices socialistes, la partie n'est pas égale. Nous ne pouvons lutter, suivant l'expression de Gambetta, à part égale d'ombre et de soleil. Ils ont une avance de dix-huit siècles. Leur chêne obscurcit tout le territoire et en accapare tous les sucs nourriciers ; il faut qu'il soit abattu pour que notre bouleau puisse grandir. » Prenez garde seulement, si votre arbre grandit en effet, qu'on ne retourne contre lui l'arme forgée par vous-mêmes, et que le parti qui aura frappé par la cognée ne périsse par la cognée.

Souvent ainsi, quand on voit les partis avancés réclamer contre la liberté de leurs adversaires l'aide et la main-forte de l'Etat, on ne peut s'empêcher de se demander s'ils ne compromettent pas leur propre destinée ; en se précipitant pour murer le passé dans son tombeau, peut-être vont-ils écraser l'avenir dans son berceau...

C'est ainsi qu'ils cèdent peut-être à une illusion dangereuse, ceux qui comptent restaurer l'unité morale de la France par la mainmise de l'État sur l'enseignement. Non qu'il faille s'incliner sans doute avec un respect superstitieux devant ce qu'on appelle la liberté du père de famille ou la liberté du professeur ; il paraîtra légitime que l'une et l'autre soient limitées par le droit de l'enfant et le droit de la société. Celui qui enseigne doit toujours avoir présent à l'esprit ce double droit : il doit chercher en conséquence « ce qui unit et non ce qui divise », et imposer à son caprice personnel le souci de l'idéal commun. Mais n'est-il pas prudent de laisser à ceux qu'on aura investis de la « magistrature pédagogique », surveillés d'ailleurs d'aussi près qu'on voudra par leurs conseils professionnels, la mission de se définir à eux-mêmes, en leur âme et conscience, l'idéal social ? Pour peu que vous confiiez le soin d'en préciser les traits à la grosse et rude main de l'État, vous risquez d'obtenir des résultats tout contraires à ceux qui vous paraissaient désirables, vous remettez l'unité sociale à la merci des fluctuations de la politique proprement dite.

Or, de tant de discussions fumeuses sur le monopole et la liberté de l'enseignement, ce qui se dégage de plus clair, c'est que plusieurs des réformes proposées tendent à placer les éducateurs dans la main des hommes politiques. Des groupements politiques n'ont-ils pas déclaré déjà qu'ils attendaient avec impatience le jour où les établissements de l'Etat seraient délivrés du souci de la concurrence, afin de pouvoir « imposer leurs réformes » ? N'est-il pas à craindre, ce jour-là, que les mêmes qui n'auront plus à se préoccuper de la surveillance de l'opinion ne fassent bon marché aussi de l'indépendance des professeurs ? N'est-il pas à craindre qu'ils ne formulent, pour les imposer en effet avec une autorité jalouse, leurs dogmes spéciaux ?

D'une manière plus générale, n'est-il pas chimérique d'attendre de l'Etat, c'est-à-dire d'un gouvernement, c'est-à-dire d'un parti au pouvoir, la reconstitution de notre unité morale ? Autant l'unité spontanée, l'union par la liberté est féconde, autant l'unité contrainte, l'union par l'autorité est stérile et comme maudite. Demander à l'Etat de refaire l'unité des âmes, de force s'il le faut, c'est remettre à l'Etat la mitre et la crosse, c'est le transformer en Eglise. C'est se prêter sans

doute à la restauration d'un cléricalisme nouveau, qui parlerait au nom de la raison, de
la science et de la liberté, mais qui ne serait
peut-être ni moins dogmatique ni moins in-
tolérant que l'ancien.

Sur tous les points donc, qu'il s'agisse du
régime de l'enseignement, des associations
ou de la presse, on pourrait trouver de bonnes
raisons pour nous démontrer que le libéralisme reste, malgré tout, au milieu même de
tant de secousses inquiétantes pour l'unité
sociale, la moins dangereuse des politiques.
Et ainsi, ballottés de gauche à droite et de
droite à gauche, après avoir eu peur de la liberté, nous recommencerions à avoir peur de
l'autorité.

*
* *

Pour décider impartialement, « objective-
ment », entre les thèses que nous avons op-
posées de la sorte, il faudrait sans doute une
longue étude, à la fois historique et philoso-
phique, qui nous permettrait et de descendre
dans le détail des circonstances et de remonter jusqu'aux principes les plus généraux de
la politique. Honneur à celui qui ne reculera
pas devant cette tâche!

Celle que nous nous étions assignée, bien
qu'elle ne nous ait conduit à aucune conclu-

sion définitive, n'aura peut-être pas été inutile, si nous avons réussi à rappeler qu'il y
a en effet, de part et d'autre, pour et contre
les différentes mesures discutées aujourd'hui
à propos des diverses libertés, un certain
nombre d'arguments également sérieux. Car,
en des matières aussi brûlantes, nous n'avons
que trop de tendances à croire que ceux qui
ne sont pas de notre avis n'obéissent qu'à
des passions aveugles. D'être pertinemment
convaincus qu'ils peuvent se réclamer de
raisons valables, cela nous rendrait peut-être
plus calmes, plus justes, plus raisonnables
dans la discussion. Si une conviction pareille
se répandait dans l'esprit public, peut-être,
comme l'huile filée sur les vagues, apaise-
rait-elle un moment la tempête! Il n'est
que temps, en tous cas, que nous travaillions,
par ce moyen ou par un autre, à baisser le
ton et à hausser le niveau de la discussion
dans notre pays, si nous voulons qu'il con-
serve — ou qu'il conquière — les mœurs
d'un pays libre.

LA CRISE DU PATRIOTISME [1]

« Il y a en France une crise du sentiment patriotique, et la faute en est au progrès des idées républicaines. » Telle est la dernière « opinion à répandre » imaginée par nos adversaires.

Quelle doit donc être, en présence de cette nouvelle « crise », l'attitude des républicains ?

*
* *

On pensera peut-être que le meilleur moyen d'y remédier est de la nier, et d'affirmer

1. Conférence prononcée à Toulouse, devant la Fédération des « Petites A » et la Ligue de l'Enseignement, au mois de novembre 1901.

(Nous avons relu, en préparant cette conférence, les articles de M. Goyau dans la *Revue des Deux Mondes* [réunis en volume sous ce titre : *l'Idée de Patrie et l'Humanitarisme*] ; les *Discours de combat*, de M. Brunetière ; les *Paroles de foi et de patriotisme* du R. P. Gaffre. Les articles de M. Barrès [réunis en volume sous ce titre : *Scènes et Doctrines du Nationalisme*], la conférence de F. de Pressensé sur *l'Idée de Patrie*, etc.)

qu'elle n'a jamais existé que dans l'imagination des polémistes. C'est la méthode ordinairement pratiquée par l'optimisme officiel, qui cache soigneusement le mal qu'il ne veut pas soigner. Méthode dangereuse, et méthode indigne de l'esprit républicain. Il fait profession de n'avoir jamais peur de la lumière. Il tient que, si plaies il y a, il faut débrider les plaies, afin de pouvoir en mesurer l'étendue et en circonscrire les ravages.

Nous reconnaîtrons donc qu'il existe en effet, dans certains milieux, sinon une crise, au moins un malaise du patriotisme. Beaucoup de jeunes gens, et non parmi les moins généreux, trahissent aujourd'hui, quand on leur prêche le patriotisme, des inquiétudes et comme des défiances qui. nous étonnent. Du moins n'osent-ils plus arborer fièrement et librement leur cocarde. Ils semblent gênés, sinon pour se définir intimement, au moins pour manifester publiquement leur sentiment patriotique.

Comment s'expliquer ce malaise incontestable ?

Il peut paraître d'autant plus inexplicable que nul pays et nul temps n'a jamais autant vu de professeurs de patriotisme. Ils sont toute une armée, et ont même prétendu former un parti, qui aurait pour spécialité de surexciter, de soulever et, si l'on peut dire,

de faire mousser méthodiquement l'amour de
la patrie — c'est le parti « nationaliste ».

Le nationalisme est un très beau mot, dit
un homme qui s'y connaît en beau langage,
M. Jules Lemaître, « un mot généreux et
ample, capable d'émouvoir l'imagination et le
cœur du peuple, et très propre à servir de
ralliement et de drapeau ».

Mais qu'y a-t-il donc sous ce mot ? Quels
sont les procédés, les tendances et les résultats de l'enseignement nationaliste ?

En le recherchant, peut-être allons-nous
apprendre où ils sont, les véritables auteurs
de la « crise du patriotisme ».

* *
*

Prêtons donc l'oreille à ce concert tumul-
tueux : essayons de discerner ce qu'elle crie
matin et soir, par les vingt bouches de ses
journaux, cette clameur furieuse qui court
nos rues.

Et d'abord elle nous fait entendre sur tous
les tons : « Haro sur l'étranger ! » L'étranger
c'est l'ennemi, éternellement haïssable et mé-
prisable. Les Anglais ne sont que des brutaux,
« mangeurs de beafsteaks », les A'lemands
des lourdauds, « mangeurs de choucroute »,
les Italiens des finauds, « mangeurs de maca-

roni ». Tous ces gens-là sont chamarrés de
ridicules et pétris de vices. Au vrai, ce ne
sont pas des hommes, comme nous, et tout
le devoir de notre nation envers les groupes
qu'ils constituent est d'essayer de les terras-
ser par la guerre, ou du moins de les « rou-
ler » dans la paix. Qui donc osait appeler de
ses vœux le jour où les hommes d'Etat met-
traient leur honneur à reconnaître au besoin
les torts de leur nation, et ne se prévau-
draient que de leur bon droit? Vœux sacri-
lèges, suivant M. Cavaignac. Il faut dire que
notre nation n'a jamais tort. Elle est infail-
lible. Elle est intangible. Le nationalisme
nous commande, en même temps que la haine
aveugle de l'étranger, l'amour aveugle de la
nation.

L'amour de la patrie est en effet, suivant
M. Brunetière, « irrationnel », et doit rester
religieusement « irraisonné ». Pour le comprendre, il est nécessaire et suffisant de se
laisser aller à ce que M. Barrès appelle les
« instincts sous-jacents », déposés dans le
mystère de notre inconscient par les puissances obscures de l'hérédité. Il faut, nous
font entendre M. Dubois et M. Syveton, aimer
sa patrie comme le charbonnier croit en
Dieu, sans savoir et sans chercher pourquoi.
Raisonner, ce serait déjà admettre la critique
et le choix. Or la Patrie est un bloc. Nous ne

voulons pas choisir entre ses traditions, ses habitudes, ses instincts. Nous les prenons tous et toutes comme l'histoire nous les donne : devant ce faisceau séculaire, nous nous inclinons les yeux fermés.

Tel est, dans ses grands traits, le dogme nationaliste.

*
* *

Eh quoi! dira-t-on. C'est sans raisonner, sans comprendre, sans réfléchir qu'il nous faut aimer la patrie? La méthode n'est-elle pas dangereuse? Sous couleur de patriotisme, que ne va-t-on pas pouvoir nous inculquer? A la faveur de cette obscurité voulue, ne sera-t-il pas trop facile de surexciter les plus bas instincts à côté des plus nobles et, à côté des plus généreuses, les traditions les plus odieuses?

Et en effet, écoutons de plus près la troupe nationaliste; nous comprendrons mieux où elle veut nous conduire.

Et d'abord nous entendrons un cri qui a scandé toutes les réunions de la *Patrie Française* : « Mort aux Juifs » ! C'est par ce cri que M. Jules Lemaître est accueilli, malgré ses recommandations prudentes, partout où il paraît. C'est par ce cri qu'on réussit à rallier, lorsqu'ils sont prêts à se débander, les bataillons du nationalisme. Le nationalisme vit d'abord de l'instinct antisémite.

Il vit ensuite de l'instinct césarien. M. Vaugeois, rédacteur principal de l'*Action Française*, ne nous l'a pas envoyé dire, quand il s'est noblement retiré, en claquant la porte, de l'Université. Il se reconnaissait, disait-il, « incapable de servir plus longtemps la République : car la République proclame l'égalité des hommes, et, moi, je suis partisan de la guerre des races ; elle proclame le respect de la légalité, et moi je suis partisan de l'arbitraire ». M. Syveton n'était pas moins explicite lorsque, dans son plaidoyer devant le Conseil supérieur de l'Instruction publique, il souhaitait à son pays d'évoluer suivant sa complexion propre, c'est-à-dire selon « son hérédité catholique, son tempérament militaire et sa tradition autoritaire ».

Et — cette phrase même nous l'indique, — derrière l'antisémitisme, derrière le césarisme, c'est une autre tendance, c'est une autre tradition encore que le nationalisme veut servir. Si nous voulons la démasquer, ouvrons seulement les *Paroles de Foi et de Patriotisme* du R. P. Gaffre, ou les *Discours de Combat* de M. Brunetière. Celui-ci nous démontre méthodiquement que « tout ce qui se fait contre le catholicisme se fait contre la France ».

Celui-là pose en principe que « la France moderne est une société qui a rejeté volontairement la solidarité de son passé », — car elle a oublié le marché que fit Clovis, une certaine nuit, avec saint Remi! — et prétend prouver, par la philosophie de notre histoire, qu'en dehors de l'Eglise il n'y a pas de salut pour notre nation. N'est-il par permis de conclure, après de pareils arguments, que l'antique dominatrice sait fort bien utiliser les passions nouvelles, et que, comme il est un gourdin pour l'antisémitisme et un masque pour le césarisme, le nationalisme est un bouclier pour le cléricalisme?

Qu'est-ce à dire sinon que, bien loin de représenter toutes les tendances de la nation, les nationalistes font un choix dans son passé, laissent certains traits dans l'ombre, en mettent d'autres en lumière, et composent ainsi une figure de la France qui nous paraît méconnaissable, parce qu'ils lui ont précisément enlevé tout ce qui la rendait attrayante et quasi sacrée à la conscience moderne?

Faut-il rappeler d'ailleurs quel usage ils ont fait des traditions et des instincts qu'ils ont ressuscités, et pour quelles besognes ils ont utilisé l'amour de la patrie? Ce n'est pas seulement quand on réclame justice pour un individu, c'est quand on réclame justice pour une classe ; ce n'est pas seulement quand on

proteste contre l'injustice juridique, c'est
quand on proteste contre l'injustice économique sous toutes ses formes, qu'on entend
monter autour de soi la même clameur obstinée : « La Patrie est en danger! » Voilà
le cri que le nationaliste répète à tout propos, tous les matins et tous les soirs. Et l'on
commence à s'apercevoir que, si une bonne
partie de la bourgeoisie fait chorus avec tant
de fureur, c'est qu'elle a besoin, sans doute,
de ce tumulte incessant et de ces perpétuelles
alarmes pour étouffer un autre cri qui l'em-
pêche de dormir tranquille, et qui est la
plainte, pitoyable ou menaçante, du prolétariat. En un mot il apparaît que, sur tous les
terrains, le procédé des nationalistes est le
même : toujours on les voit, obstinément,
lancer et ruer, pour ainsi dire, la patrie
contre la justice.

Insensés, qui n'ont pas compris que, dans
tout l'Occident, et chez nous plus que partout, le sentiment de la justice est désormais
si puissant que, d'un duel avec lui, la patrie
même ne peut sortir que meurtrie, chance-
lante et comme dégradée à ses propres yeux...

Est-t-il besoin de chercher plus loin les
racines du malaise que nous reconnaissions?
Et n'est-il pas trop aisé de comprendre
comment, en essayant de monopoliser, de canaliser, d'exploiter le sentiment patriotique au

profit des tendances les plus contraires à la raison moderne, le nationalisme compromet, rabaisse, avilit la cause sacrée qu'il prétend aveuglément servir?

C'est pourquoi rien n'importe plus, si nous voulons conserver à notre sentiment national sa netteté, sa pureté, son éclat rayonnant, que de le soustraire d'abord à l'ombre inquiétante du nationalisme. Se distinguer radicalement des « nationalistes » et faire front contre eux, il n'y a pas, pour ceux qui veulent rester des « patriotes », de tâche plus urgente.

*
* *

Des excès mêmes du nationalisme, l'internationalisme surgit. A tous ceux que cette exploitation du patriotisme froisse et révolte, il offre sa doctrine, comme seule capable de satisfaire la conscience contemporaine.

Prêtons donc l'oreille à cette voix nouvelle. Elle a moins de puissance et d'ampleur, certes, que la clameur nationaliste. Mais elle a quelque chose de strident et de poignant, qui force l'attention.

« On te lance, dit-elle, contre l'étranger. On t'apprend dès l'enfance à le haïr et à le mépriser. On insiste méthodiquement sur

tout ce qui vous sépare et vous oppose.
Approche-toi cependant et regarde-le dans les
yeux : n'y retrouves-tu pas un être qui souffre
et qui pense, comme tu penses et comme tu
souffres? N'y reconnais-tu pas ton semblable,
et par conséquent ton égal? Ce n'est pas la
nationalité, c'est l'humanité même qui est
la racine du droit. Ce n'est pas parce qu'ils
sont nés en deçà ou au delà des Pyrénées,
en deçà ou au delà de la Manche, en deçà ou
au delà du Rhin, c'est parce qu'ils portent
tous au front le signe de la raison humaine,
que ces êtres ont droit à un égal respect.

« Arrière donc ces distinctions, ces sépa-
rations, ces oppositions qu'on établit entre
eux! Laissons tomber toutes ces barrières
qui les parquent en troupeaux ennemis! C'est
parce qu'ils ont vécu ainsi parqués que les
hommes, retrouvant la fureur de la bête, se
jettent encore les uns contre les autres. Vos
nations sont, dites-vous, les organes nécessaires de la civilisation : c'est en réalité la
barbarie qu'elles soutiennent et qu'elles en-
tretiennent. Ce sont des idoles sauvages, qui
vivent de sacrifices humains. Démolissons
donc les casernes, effaçons les frontières, dis-
solvons les patries, et l'humanité, enfin sou-
lagée de tant de chaînes inutiles, respirera
librement, en répétant le beau mot de
Michelet : « Je savais bien que j'étais une! »

*
* *

Ainsi parle l'internationalisme. Et il faut
bien avouer que, quand il fait le procès de la
civilisation, telle que trop souvent les nations
modernes la pratiquent, son réquisitoire est
fort et troublant.

Quand on se représente tous les cadavres
que roulaient, hier encore, les fleuves limo-
neux de la Chine, ou ceux qui vont dormir,
demain encore, sur les kopjes pierreux de
l'Afrique du Sud, on ne peut s'empêcher de
se demander avec angoisse en quoi consiste
« le progrès de l'humanité ». Son fameux char,
traîné par les nations, glisse aujourd'hui dans
une boue sanglante. Et à l'idée que demain
peut-être il va falloir jeter d'autres êtres humains sous ces roues, on a envie de crier :
« Assez! La paix pour l'amour de Dieu ! — ou
plutôt : La paix pour l'amour des hommes ! »

Ainsi, quand il maudit la guerre, l'internationalisme trouve des échos dans nos âmes.
Il en trouve encore quand il nous rappelle
que, en vertu même de nos idées égalitaires,
tous les hommes doivent leur dignité essen-
tielle non au lieu de leur naissance, mais à
leur qualité d'hommes ; que tous, en un mot,
par-dessus la diversité des costumes natio-

6

naux, portent une même cuirasse invisible,
qui est l'idée du droit humain. Quand il
parle ainsi, l'internationalisme invoque — il
faut le reconnaître — plus d'une idée que
nous ne pouvons renier, plus d'un sentiment
que nous ne pouvons comprimer. Et ainsi
s'explique, sans doute, qu'il trouve aujour-
d'hui, pour l'écouter avec complaisance, plus
d'une âme ardente et jeune. C'est qu'il ne
convie pas les âmes, comme le nationalisme,
à se laisser enfermer dans un ravin obscur :
il les invite à bondir jusqu'aux plus hauts
sommets, d'où l'on peut embrasser d'un
seul regard, sur toute la terre, toute l'humanité.

*
* *

Est-ce donc à dire que nous devons nous
abandonner à l'internationalisme, le prendre
pour guide dans l'action sociale, et nous re-
poser sur lui du soin de réaliser le progrès ?
Ce serait, à notre avis, une suprême impru-
dence ; car, s'il exprime bien certains aspects
de notre idéal, l'internationalisme ne prend
nullement la bonne méthode pour le réaliser.
Et son vice, à nos yeux irrémédiable, c'est
qu'il retombe dans ce qu'on peut appeler
« l'erreur individualiste ».

Entendons-nous bien sur ce mot, qui prête à tant d'équivoques !

Quand nous accusons l'internationalisme d'individualisme, nous ne lui reprochons pas de travailler à former le plus grand nombre possible de personnalités humaines, vraiment conscientes et vraiment libres ; car la multiplication, sur la terre, de ces petits foyers lumineux qui sont les consciences autonomes est peut-être bien l'un des buts de l'évolution sociale...

Nous ne voulons pas insinuer non plus que l'internationalisme n'est en son fond qu'égoïsme et retour de l'individu sur soi. — A vrai dire, il est évident qu'il lui arrive d'abriter, à côté de sentiments très généreux, des calculs très bas et des instincts très vils. Il y a, sans doute, des clients de l'internationalisme qui ne prêchent les devoirs envers toute l'humanité que pour essayer d'exempter de toute charge sociale, leur petite personne. Ils préfèrent systématiquement l'homme lointain à l'homme prochain, l'homme abstrait à l'homme concret, parce que l'un est trop loin, en effet, et l'autre trop haut pour leur demander des services précis. Ces internationalistes sont des « asolidaires » qui refusent en tout et pour tout de se classer, de s'enrôler, de se gêner pour les autres. A ceux-là, il faut rappeler non pas que charité bien ordonnée

commence par soi-même — ils ne le savent
que trop, — mais que justice bien ordonnée
commence par le *prochain*, et qu'en ce sens
humanité bien ordonnée doit commencer par
la patrie.

Mais ce n'est pas avec ceux-là que nous
voulons discuter, c'est avec l'internationa-
liste « moral », altruiste et généreux, qui
rêverait en effet, pour le progrès véritable de
l'humanité, la dislocation des patries. Nous
disons que celui-ci même, faute de sens
sociologique, est victime de l'illusion individualiste.

L'individu, en effet, ne fait rien, ne vaut
rien, n'est rien en dehors du groupe. C'est
dans le groupe et par le groupe que nous vivons et que nous pensons, que nous trouvons,
en même temps que l'aliment pour nos corps,
l'aliment pour nos esprits. Toute espèce de
production — production matérielle ou production intellectuelle, production des belles
choses ou production des belles âmes — n'est
possible que par la collaboration, la communion de tous les instants. L'individu hors du
groupe, c'est le poisson hors de l'eau. Il aurait vite fait de périr d'inanition physique et
morale.

Or, au moment de l'histoire où nous
sommes, les groupements les plus puissants
et, si l'on peut dire, les plus prenants et les

plus enveloppants, sont assurément les groupements nationaux. Là seulement, grâce à l'unité de la langue, des lois et des coutumes, à l'analogie des pensées, à la communauté des souvenirs et des espérances, les individus peuvent non pas simplement commercer et contracter, mais véritablement communier. Là seulement ils peuvent sentir qu'ils sont comme les membres d'un même corps, les pensées d'une même âme, et forment une société naturelle.

Et quand nous disons que la nation est une société naturelle, nous ne voulons pas dire qu'elle a toujours été, ni qu'elle sera toujours ce qu'elle est aujourd'hui. Nous ne la considérons pas comme une œuvre divine, tombée du ciel un beau jour, et devant garder, dans une sorte d'immobilité sacrée, la forme qu'elle reçut à sa création. Nous savons qu'elle est œuvre humaine, qu'elle résulte de la conspiration d'énergies innombrables et infatigables qui l'ont lentement constituée. Les nations, en un mot, sont pour nous des produits historiques. Mais ces produits ont été si bien modelés par les siècles, qu'ils se présentent à nous, qui naissons aujourd'hui, comme de grands êtres vivants, pourvus de tous les organes nécessaires à la vie sociale, êtres collectifs qui portent en quelque sorte notre être individuel, le recréent à leur image, et lui superposent comme une seconde nature, condition d'une vie plus large et plus haute.

Nous disons qu'il serait vain de vouloir rejeter, d'un coup d'épaule dédaigneux, les résultats de ce travail séculaire. Nous disons que, s'il y a des gens qui rêvent, pour la constitution d'une humanité meilleure, la dissolution de ces produits historiques, ils n'oublient qu'une chose, et qui est l'essentiel : l'humanité en dehors des nations n'est pas un corps, mais une masse amorphe ; les nations supprimées, elle retournerait en poussière ; elle ne serait plus qu'un tourbillon d'atomes se heurtant au hasard, avec toute l'impuissance de l'incohérence.

Non, s'il doit un jour s'élever le dôme énorme et splendide où les foules enfin reconciliées pourront circuler librement, ce ne sera pas sur les ruines des patries : il faut, pour qu'il s'y pose, qu'elles maintiennent solidement ces colonnes de marbre que l'histoire a si lentement dressées.

C'est pourquoi, refusant avec énergie de nous associer à ceux qui crient : « Pour l'humanité contre la patrie ! » nous nous opposerons à la fois aux nationalistes et aux internationalistes en répétant : « Pour l'humanité par la patrie ! »

* *
* *

« Pour l'humanité par la patrie! » disons-
nous, et nous protestons ainsi, avec la même
énergie que les nationalistes, contre les rêves
aventureux de ceux qui parlent de supprimer
les patries.

Mais combien, par ses principes et ses
conséquences, notre patriotisme reste diffé-
rent du nationalisme, il importe d'y insister.
Ce serait folie, nous l'avons dit, de dédaigner le travail séculaire qui a constitué les
nations. Dans l'intérêt même de l'humanité
il importe, non pas de les supprimer, mais de
les maintenir solidement au contraire; et d'utiliser leur œuvre, — habitudes collectives de
toutes sortes, traditions et instincts qu'elles
ont pu lentement amasser. Ainsi notre raison
informée par l'histoire justifie notre sentiment
patriotique.

Mais par cela même que notre raison inter-
vient et non plus seulement une impulsion
volontairement aveugle, par cela même que
nous prétendons former notre patriotisme en
pleine clarté et non plus en pleine nuit,
nous réservons à notre nation le droit, ou
plutôt même nous lui commandons le devoir
de réfléchir sur son passé, de faire un choix,

s'il y a lieu, entre les tendances qu'il lui lègue, et d'orienter en un mot sa propre destinée. Nous ne disons plus : « Il faut accepter toutes les traditions, toutes les tendances de la nation comme l'histoire nous les donne, et les respecter, les développer ou les flatter toutes aveuglément, pour ce seul motif qu'elles sont les résultats du lent travail de l'âme nationale ». Nous disons : « C'est au profit de la raison humaine que ce travail doit être utilisé ; nous devons donc trier ses résultats, et, parmi les habitudes qu'il a formées, choisir, pour les développer avec amour, celles qui sont vraiment glorieuses pour nous et précieuses pour tous. »

Combien d'ailleurs, en matière de patriotisme, la théorie du bloc serait dangereuse, il est aisé de s'en apercevoir. M. Barrès citait naguère, comme les plus purs représentants de l'esprit français, entre Gyp et Forain, MM. Drumont et Rochefort. Et il semblait dire que, puisque les qualités représentées par ces deux hommes sont éminemment nationales, il fallait les cultiver précieusement. Nous dirions plutôt, nous, que si les qualités représentées par ces deux hommes sont vraiment nationales, il n'y a pas de quoi être fier. Si vraiment les Français ont une tendance à utiliser, en guise d'arguments, les calomnies les plus extravagantes et les calambredaines

les plus grossières, cette tendance est néfaste,
et nous devons faire tous nos efforts pour
extirper cette mauvaise herbe, comme nous
devons faire tous nos efforts pour cultiver
celle de nos qualités qui sont vraiment nobles,
aimables et utiles.

S'il est vrai, par exemple, que notre industrie se distingue par son goût, s'il est vrai
que nos ouvriers et nos soldats sont les plus
adroits, les plus « débrouillards », les plus
prompts de l'œil et de la main, s'il est vrai
que nos savants sont les plus clairs et qu'on
trouve chez nous, comme le disait M. Lavisse,
« les diamants les mieux taillés pour recevoir
et renvoyer plus brillante la lumière », s'il
est vrai, comme le remarquait Stuart Mill il
y a cinquante ans, que notre peuple est de
tous le plus sociable, s'il est vrai enfin, comme
les Allemands le reconnaissaient involontai-
rement hier encore, qu'il reste, au milieu même
des horreurs de la guerre, le plus humain,
nous cultiverons, avec reconnaissance et avec
joie, ces fleurs délicates ou éclatantes, ces fruits
nourrissants et savoureux, et nous ferons
fièrement profiter le monde, autant qu'il est
en nous, des produits de notre terre natale.

Or, parmi ces produits humains de la terre
française, il en est un que le nationalisme
fait volontiers semblant d'oublier, qu'il re-
lègue systématiquement dans l'ombre, et que

nous voulons nous, remettre, en pleine lumière, et c'est l'esprit de la Révolution. Que cet esprit soit bien pour notre nation un patrimoine, en même temps qu'un prestige aux yeux de l'humanité civilisée, c'est ce qu'il n'est plus besoin de démontrer. Faut-il rappeler que, tout le long du siècle, on a vu, quand la France s'agitait, les privilégiés tressaillir d'effroi et les opprimés tressaillir d'espérance ? Aujourd'hui encore, en Belgique, en Espagne, quand un peuple veut secouer quelque tyrannie survivante, ne se lève-t-il pas aux accents de notre chant national et révolutionnaire? Si donc il est vrai que, pendant des siècles, le prestige de la France a tenu à ce qu'elle était « la fille aînée de l'Eglise », il faut dire qu'il tient aujourd'hui à ce qu'elle est la mère de la Révolution. Il faut changer un mot à la formule de M. Brunetière : c'est ce qui se fait contre la Révolution qui se fait contre la France.

S'il en est ainsi, et s'il est vrai que les principes de 89 dominent, en un sens, toute notre histoire nationale, lorsque nous demandons à notre pays de vivre conformément à ces principes, nous ne faisons que lui demander de rester fidèles à ce qui, de l'aveu du monde, constitue la plus haute tradition française. Qu'il achève et fasse aboutir les transformations qu'il n'a fait qu'inaugurer à la fin du xviii° siècle, qu'il fasse descendre dans les réalités ces idées égalitaires qu'il a proclamées pour tous les hommes, qu'il donne enfin aux autres peuples le signal et l'exemple de la justice sociale, et son avenir, certes, sera digne de son passé.

*
* *

Mais, quand nous souhaitons ainsi que notre nation se préoccupe avant tout de s'organiser selon la justice, qu'on ne croie pas que nous lui conseillions, indirectement, de ne plus se préoccuper de l'attitude des nations étrangères. Nous ne vivons pas plus en dehors de l'espace qu'en dehors du temps. C'est dire que, comme il y a des forces derrière nous qui nous poussent, il y a des forces autour de nous qui nous pressent. Et l'état et la direction de ces forces ne sauraient nous être indifférents. En termes plus nets, si fervents que nous soyons de la paix, par laquelle seule notre idéal peut se réaliser, nous n'avons pas le droit d'oublier les guerres toujours possibles. Si la France donne en effet le branle aux grandes transformations sociales que réclame la conscience moderne, qui sait si elle ne verra pas se ruer contre elle une nouvelle Sainte-Alliance? Il importe donc que notre démocratie monte la garde autour de son idéal, et qu'elle soit prête à tout pour les sauvegarder.

Et sans doute, c'est une fière et touchante doctrine que celle de la « non-résistance au mal ». C'est un geste sublime que celui des Douchobors jetant leurs fusils au feu et offrant leurs poitrines au knout des cosaques. Libre à ceux qui croient que le Christ a apporté, sur toutes les questions, toutes les vérités, de suivre cet exemple! Peut-être devraient-ils le suivre en effet, s'ils étaient vraiment et profondément croyants. Mais pour nous, qui ne retenons du christianisme que ce qui s'adapte aux exigences de la conscience moderne, nous maintenons que cette doctrine est incompatible avec notre sentiment de la dignité humaine, et avec notre souci de la justice sociale. Dans un monde où celui qui a le droit se laisserait, sans résister, brimer par celui qui a la force, on ne concevrait plus de progrès possible. Si nous croyons que les idées que notre pays représente sont conformes à la justice, et précieuses pour l'humanité, nous devons être prêts à leur faire un rempart de nos corps.

A. Beaunier rapporte, dans ses *Notes sur la Russie*, un propos de Guillaume II, à la table d'un général russe : « Après tout, il convient que la France vive, car c'est d'elle que part

le progrès. » Et le général de répondre :
« Sans doute, Sire ; mais enfin il faut qu'elle
soit raisonnable !!! » La conversation est signi-
ficative. Elle montre bien, et le prestige de la
France, et le danger qu'il y aurait, pour la
France, à n'être pas prête à défendre son idéal
par les armes. La France veut vivre, et sans
avoir besoin de demander à personne l'auto-
risation de vivre. Elle comprend trop bien que,
le jour où elle ne tiendrait plus la vie que d'une
sorte de tolérance, on saurait vite rationner
sa pensée, comprimer ses audaces, et la dé-
bouter enfin de sa mission historique. Voilà
pourquoi, dans l'état actuel du monde, il est
absolument nécessaire que notre démocratie
reste appuyée sur son armée.

Il n'y a donc pas, en ce sens, à se dissimuler
les dangers que présente, telle qu'elle est comprise et pratiquée dans certain milieux, ce
qu'on appelle la propagande antimilitariste.
Nous ne sommes pas, certes, de ceux qui prétendent que notre institution militaire doit rester en dehors et au-dessus de toute critique. Une
démocratie a le droit et le devoir de critiquer,
de surveiller, de réformer son armée par cette
double raison que l'armée est, pour elle, l'instrument le plus dangereux en même temps que
le plus précieux. Mais que, du moins, cette
« autocritique » ait toujours pour but d'affiner,
et jamais d'émousser l'arme de la défense

nationale. Tenons l'arme au fourreau, le plus longtemps possible ; mais que ce ne soit pas un sabre de bois, si nous ne voulons pas que les autres dégaînent. Il serait trop tard alors, dans le tumulte de l'invasion, pour nous forger une arme nouvelle.

La *Ligue de l'Enseignement* avait donc raison de prendre pour devise : « Pour la patrie, par le livre et par l'épée ! » Par le livre, en effet, tant qu'on pourra ; mais par l'épée aussi, quand on voudra... Notre patriotisme, instruit par l'histoire en même temps qu'éclairé par la raison, ne veut ni la force sans l'idée, ni l'idée sans la force, mais la force au service de l'idée, asservie à l'idée.

LA PAIX ET LA FEMME[1]

MESDAMES,

C'est en vue de la guerre que votre *Union* s'organise. C'est vers la bataille que tous les nerfs de votre œuvre sont tendus. C'est dans l'armée que vous êtes encadrées. Il semble donc qu'en me proposant de définir devant vous le rôle de la femme dans la préparation de la paix, je me sois laissé guider par le goût du paradoxe.

Mais le paradoxe n'est qu'apparent. En réalité, si vous vous préparez à la guerre, c'est pour limiter autant qu'il est en vous le mal qu'elle fait aux hommes. Si vous suivez l'armée à la trace, c'est la pitié qui vous con-

1. Conférence prononcée à Toulouse, le 28 juin 1902, devant une Assemblée de l'*Union des Femmes de France*. (Nous avons relu, en préparant cette conférence : *la Guerre et la Paix*, de Proudhon, *la Guerre et l'Homme*, de P. Lacombe, *la Guerre future*, de J. de Block, la collection de *la Paix par le Droit*, etc.)

duit par la main, la blanche pitié, qui porte
en son sein la paix future. Si vous vous êtes
levées et unies, c'est que vous avez entendu
ce cri des blessés, ce concert déchirant d'im-
précations et de supplications qui monte
vers le ciel, le soir d'une bataille.

Que cela ne s'entende plus jamais et que
notre œuvre soit désormais inutile ; voilà,
sans doute, votre plus ardent désir. En plai-
dant la cause de la paix, je ne fais que
répondre à ce vœu, le plus intime et le plus
profond de votre cœur.

Et, cependant, quelles difficultés m'attendent ! Quand on parle de la guerre et de
la paix, ce n'est pas seulement la pitié
qu'on éveille ; tout un monde de sentiments
sacrés se lève dans l'inquiétude. Et c'est
pourquoi celui qui veut manier les sujets
« pacifiques » s'expose toujours à blesser
quelqu'un ; il est, en tous cas, presque sûr
d'être blessé lui-même.

Oui, de nos jours surtout, celui qui ose
plaider en public la cause de la paix verra
aisément suspecter, d'abord, la qualité de
son patriotisme. Ne s'écriait-on pas, l'autre
jour, dans une réunion analogue à celle-ci[1],
que « prêcher l'horreur de la guerre, c'était
démanteler la France ? » N'avons-nous pas

1. M. Vandal, à l'Assemblée générale des *Dames de la
Croix-Rouge.*

entendu dire, à Toulouse[1], que « ceux qui travaillent à l'avènement de la paix par le droit,
travaillent aussi au désarmement, non pas
seulement matériel, mais moral de leur pays » ?

Mais ce n'est pas seulement le patriotisme
du pacifique que l'on met volontiers en doute,
c'est jusqu'à son courage. Vous plaidez pour
la paix au nom de la pitié ? Mais la pitié est
souvent le masque de la peur. Vous répu-
gnez au meurtre ? Peut-être surtout parce
que vous craignez la mort. Ainsi raisonnent
instinctivement les foules, et c'est pourquoi
les orateurs hésitent, avant de prendre une
attitude qui paraît si facilement manquer
d'héroïsme, de noblesse, de beauté.

Mais ces questions d'amour-propre peuvent-
elles arrêter longtemps celui qui croit avoir à
dire quelque chose d'utile et de juste ? Au surplus, j'espère bien vous prouver qu'on peut,
sans faillir ni au patriotisme ni au courage,
travailler pour la cause de la paix.

*
* *

Et n'allez pas m'arrêter dès l'abord en
me disant : « Pourquoi vous adresser aux
femmes ? La cause de la paix n'est pas dans

1. Par M. Cavaignac, à une réunion organisée par la
Ligue de la Patrie française.

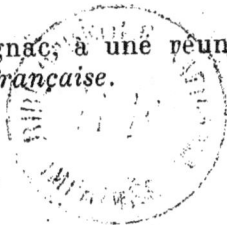

7

leurs mains ; on ne les consulte ni pour la
paix ni pour la guerre. Le forum ne leur est
pas ouvert. Elles n'ont pas voix au chapitre. »

La défaite serait trop facile à dénoncer. Il
est très vrai que jusqu'à présent — et l'organisation militaire des sociétés en est sans
doute pour une bonne part responsable — les
femmes n'agissent guère directement et
comme officiellement sur les affaires pu-
bliques. Mais, comme il arrive souvent, l'action indirecte n'est pas ici la moins puissante,
et il y a plus d'un moyen de faire entendre
au forum ce qui se dit au foyer.

Les sociologues se plaisent à répéter que
« tout le mécanisme social repose, en dernière analyse, sur des opinions ». Les opinions, à leur tour, roulent sur des sentiments.
Or qui ne sait jusqu'à quelle profondeur —
par ses admirations et par ses indignations,
par ses sourires et par ses larmes — la
femme est capable de modifier les sentiments
de l'homme ? Et, alors même que l'homme
fait lui échapperait, ne tient-elle pas pendant
de longues années l'enfant sous sa coupe ?
L'influence de la mère n'a-t-elle pas toujours
été la plus prenante, la plus enveloppante
de toutes, parce qu'elle est la plus tendre en
même temps que la plus continue ? La puissance des femmes sur l'opinion est donc indé-
niable.

Il s'agit seulement de savoir en quel sens et sur quels points elles devront peser si elles veulent hâter la paix.

Consultons donc ces partis de la paix qui grandissent aujourd'hui chez toutes les nations modernes ; prêtons l'oreille à ces voix qui s'élèvent de tous les coins de l'horizon — pacifiques et souvent belliqueuses — pour prêcher « la guerre à la guerre » ; et demandons-nous ce que nos femmes de France peuvent retenir de cette prédication nouvelle.

*
* *

L'une de ces voix, du fin fond de la Russie, nous jette par-dessus l'Allemagne ce cri inattendu : « Convertissez-vous ! Convertissez-vous au christianisme, vous, vos maris et vos fils, et la paix descendra aussitôt sur le monde. »

L'objurgation vous semblera paradoxale. Catholiques ou protestantes, n'avez-vous pas été, presque toutes, élevées dans le christianisme ? N'a-t-il pas pénétré jusqu'à l'âme des sociétés où nous vivons ?

« Erreur, répond Tolstoï : erreur et blasphème. Vos sociétés ont le christianisme à la bouche, mais non au fond du cœur. Elles vivent, non dans la foi, mais dans l'hypocrisie chrétienne. La preuve en est qu'elles esca-

motent habilement tous ceux des principes
chrétiens qui les gênent dans leurs ambitions.
Auriez-vous oublié, autrement, que le Christ
a dit : « Tu ne tueras pas. — Tu aimeras
même ton ennemi. — A celui qui t'aura
frappé sur une joue, tu tendras l'autre joue.
— A l'antique loi du talion : œil pour œil,
dent pour dent, tu substitueras la loi nouvelle, qui est de ne pas résister au mal ? »

Pour que la paix règne entre les nations,
il suffit donc qu'elles remontent à la source
pure du christianisme : elles y boiront l'eau
divine qui transforme les loups en moutons.
Ainsi ont fait les Douchobors. Ils ont jeté leurs
fusils au feu. Ils se sont offerts au fouet des
cosaques. Ils se laissent tuer plutôt que de
consentir à apprendre à tuer.

Cette doctrine séduira-t-elle nos femmes ?
et conseilleront-elles aux Français d'imiter
les Douchobors ? Il me semble, au contraire,
que la « non-résistance au mal » éveillerait
en elles des défiances insurmontables ; elles
comprendraient vite que la méthode ne serait
ni pratique, ni même morale. C'est qu'au
fond de leur conscience, à côté de sentiments
chrétiens, elles trouveraient sans doute des
sentiments modernes, — le souci du droit
personnel, de la justice sociale, du progrès terrestre, — qui s'insurgent et protestent contre
cette résurrection du christianisme radical.

Le chrétien primitif était logique en tendant le cou au glaive du centurion. Il ne vivait qu'en vue du ciel. Et il ne se souciait guère de ce qui adviendrait après sa mort en ce monde terrestre et éphémère. La Jérusalem céleste ne devait-elle pas, d'un jour à l'autre, descendre des nuées? Le chrétien primitif est donc un homme toujours prêt à partir, dans un monde d'ailleurs tout près de finir. A quoi bon dès lors « résister au mal » ?

Mais pour nous, modernes, qui tous, plus ou moins énergiquement, voulons réaliser le plus de justice possible sur la terre, la situation est tout autre. Nous ne nous reconnaissons pas le droit de nous désintéresser de ce bas monde. Le meilleur de notre moralité est suspendu au désir d'y déterminer un progrès. Or quel progrès est possible si celui qui a le bon droit pour lui se laisse dévorer? Ce serait hâter, par une sorte de sélection à rebours, le triomphe des méchants. Imaginez que le travailleur cède, sans coup férir, le produit de son travail au premier condottiere qui l'exige : les condottieri pulluleraient. En cédant à l'injustice, on lui donnerait une prime. On livrerait le royaume de la terre aux hommes de mauvaise volonté.

Il est donc permis de soutenir que ce christianisme absolu se heurte non seulement à l'instinct, mais à l'idéal des modernes. Ce n'est pas seulement à notre vouloir-vivre, c'est à nos raisons de vivre qu'il s'attaque, s'il est vrai qu'il va contre la fin que nous assignons à notre civilisation, et qui est de réaliser progressivement la justice.

Et c'est pourquoi les plus humanitaires d'entre nous, et, comme on dit, les plus utopistes, se gardent bien de conseiller à la France un désarmement, même partiel. Ils savent qu'une nouvelle Sainte-Alliance pourrait encore se dresser contre notre démocratie, le jour où elle voudrait donner le signal des transformations profondes que le peuple réclame, et qu'elle a toujours besoin de monter la garde autour de son idéal.

Au surplus, mieux que les déductions et les prévisions, le spectacle des faits contemporains nous aiderait à protester contre la doctrine du « laisser-faire ».

Les Boers sont sans doute un des peuples les plus chrétiens que la terre ait portés. Les livres sacrés du christianisme sont leur nourriture quotidienne. Mais ils n'y ont trouvé que ce qu'y cherchait leur conscience outragée par l'injustice : une exhortation ardente à une lutte désespérée. Et leurs femmes se sont gardées d'abaisser le canon de leurs fusils, en leur rappelant les versets de la non-résistance. Vous savez, au contraire, quelle énergie guerrière elles surent déployer, lors-

qu'elles leur portaient les balles jusque sur
les champs de bataille, — et, plus tard, dans
ces champs de carnage lent que furent les
camps de concentration, quels exemples
d'héroïsme elles leur donnèrent. Rappelez-
vous les fortes et touchantes paroles que leur
adressa Dewet en rentrant dans ces camps :
« Il y a longtemps que nous aurions été
obligés de renoncer à la lutte, ô femmes, si
vous ne vous étiez pas montrées si fidèlement
attachées à la patrie ; non, je ne voudrais pas
appartenir à une nation dont les femmes ne
seraient pas dévouées à la cause nationale.
Pendant que nous tenions la campagne, les
nouvelles que nous recevions de tous les
camps de concentration, nouvelles qui nous
faisaient connaître votre esprit de détermina-
tion et de solidarité, enflammaient les combattants d'une plus vive ardeur, et si même
nous eussions tous été tués dans les combats,
il aurait été de votre devoir, ô femmes, d'élever vos enfants à être aussi intrépides que
les hommes que je vous ramène aujourd'hui. »
Quel tolstoïsant oserait se plaindre que
les femmes boers aient mérité ce magnifique
éloge ! Et quel Français ne souhaiterait à la
France, au jour de la guerre, beaucoup de
femmes semblables à ces femmes ?
Est-ce donc à dire que nous n'ayons rien
à gagner au contact du tolstoïsme, et que ses

objurgations, véhémentes ou attendrissantes, doivent passer sans effet sur nos cœurs, comme le vent et la pluie sur le granit? Non, ce christianisme paradoxal et absolu n'aura pas été inutile, s'il nous incite seulement à respecter ces principes mêmes dont nous nous sommes servis comme de boucliers contre ses excès, s'il nous force à vivre avec le perpétuel souci, avec l'inquiétude intime de la justice.

Que cette doctrine des Droits de l'homme, — où l'on retrouve sans doute plus d'un sentiment chrétien, mais comme laïcisé, ramené sur la terre, et orienté vers le progrès, — pénètre seulement les cœurs; et déjà bien des causes de guerre en seraient expulsées.

Vous n'apprendrez donc pas à vos enfants, à la façon de Gyp, à détester les hommes de telle ou telle race parce que leur odeur vous déplaît; quelle que soit leur race, leur sol, leur religion, ils ont, par cela seuls qu'ils sont des hommes, les mêmes droits primordiaux que nous. Nous devons respecter ces droits de la personnalité humaine, et d'abord ce droit de vivre, de développer toute ses puissances, d'aller jusqu'au bout de sa destinée normale, qui est la condition de tous les autres. C'est dire que nous devons, vis-à-vis de ces semblables qui sont nos égaux, nous abstenir, aussi longtemps qu'il est possible, de tout procédé « inhumain ». Vous n'hésiterez donc pas à enseigner à vos fils la défiance à l'égard de la violence, qui traite les hommes comme des choses.

Et entendez bien qu'il ne s'agit pas d'efféminer nos futurs citoyens, ni de travailler à l'adoucissement des mœurs par l'amollissement des caractères ou l'affaiblissement des corps. Craignez à ce sujet votre tendresse elle-même. Vous élevez si doucement et si prudemment les enfants d'aujourd'hui ; ils sont habitués à tant d'aises et de secours, tant de « prends garde » maternels éclatent à leur droite et à leur gauche, qu'on se demande avec inquiétude de quel pas ils pourront marcher, en hommes, dans la vie. Peut-être seront-ils portés à ne pas résister au mal simplement parce qu'ils ne sentiront, dans leurs nerfs, aucune force de résistance.

Redoutez donc, par l'excès de la circonspection et de la mollesse, de nous former une race de « femmes sensibles », inutiles au pays. Ayez vous-mêmes la force d'apprendre à vos fils qu'il faut « risquer » quelque chose, et qu'une vie sans audace est une vie sans plaisir. Préparez-nous, en un mot, des hommes qui sachent, quand il le faudra, « risquer leur peau », — mais qui hésitent aussi à risquer la peau des autres ; qui cherchent leurs professeurs de volonté ailleurs que chez les conquérants, qui ne placent pas leur volupté dans le sang et dans la mort, qui ne confondent pas, en un mot, l'énergie avec la brutalité, ni le courage avec la barbarie.

Ainsi façonnerez-vous des caractères qui sauront, certes, résister à l'injustice des autres, mais d'abord à leur propre tendance à l'injustice. Résistance au mal bien ordonnée doit commencer par soi-même. Le juste se tiendra donc sur ses gardes vis-à-vis de ses propres passions, aussi bien que vis-à-vis de celles des autres. Il n'agira pas en impulsif, mais en réfléchi; prompt à la défense, mais lent à l'offense.

Le jour où les femmes, dans tous les pays, auraient forgé beaucoup de tels caractères, je dis qu'on serait bien près de s'accorder pour résister au mal par la justice : les filets protecteurs qui sont les traités d'arbitrage pourraient se tendre entre les nations; la paix pourrait bientôt descendre sur le monde, puisqu'on aurait préparé, pour l'accueillir et la porter, assez de cœurs à la fois forts et doux, énergiques et pacifiques.

*
* *

Mais il est vraisemblable que cette perspective ne vous enthousiasme pas outre mesure.

Malgré la conspiration du christianisme et de la philosophie du xviii° siècle, vous éprouvez vous ne savez quels scrupules, et presque des remords à l'idée de travailler à chasser la guerre du monde.

Des sentiments qui dormaient comme sous des voiles, s'agitent en vous prêts à s'armer pour elle; et ce sont tous les sentiments qui sont nés de cette idée si puissante aujourd'hui : l'idée de la poésie de la guerre. L'humanité sans la guerre ne serait-elle pas découronnée et comme diminuée? La guerre n'offre-t-elle pas, non seulement au peintre ses tableaux les plus pittoresques, au poète ses situations les plus pathétiques, mais encore et surtout au moraliste ses plus beaux exemples d'héroïsme? N'est-ce pas « sur le théâtre de la guerre » qu'on voit les hommes, regardant la mort en face, s'élever au-dessus d'eux-mêmes? Si ce théâtre épique est jeté bas, à quoi va pouvoir se suspendre l'admiration des femmes?

« Supprimez, a dit Proudhon, le rapport secret qui fait de la guerre une condition indispensable, de près ou de loin, aux créations de l'idéal; aussitôt vous allez voir l'âme humaine partout abaissée, la vie individuelle et sociale frappée d'un insupportable prosaïsme. Si la guerre n'existait pas, la poésie l'inventerait. »

Les pacifiques ont bien compris la puissance de cette esthétique de la guerre. Et c'est pourquoi, vous les voyez, de divers côtés, occupés à souffler de toutes leurs forces, pour l'effeuiller, sur le prestige qui l'entoure, et s'efforçant d'obéir au mot d'ordre bref et cinglant que leur jetait Hugo : « Déshonorons la guerre. » — Que faut-il penser de cette tentative ?

Ecartons d'abord rapidement un des procédés employés, et qui ne saurait que compromettre à vos yeux la cause qu'il prétend servir. Quelques-uns semblent avoir traduit la formule de Victor Hugo : « Déshonorons la guerre » par cette formule inattendue : « Vilipendons notre armée. » Le prestige de la guerre leur paraît tenir surtout au prestige de l'uniforme, et ils croient bien faire en accolant dans leurs journaux, à tout ce qui rappelle le métier militaire, les épithètes les plus désobligeantes.

Il est trop clair qu'une pareille campagne vous serait particulièrement antipathique.

Et d'abord, — indépendamment des raisons pour lesquelles elle nous choque tous — elle est faite pour froisser spécialement les femmes dans une de leurs tendances les plus universellement constatées, et les plus naturellement explicables : — dans leur préférence secrète pour l'homme armé, et prêt au combat. « Aux yeux de la femme, dit encore Proudhon, le guerrier est l'idéal de la dignité virile... »

Mais ce n'est pas seulement en vertu de cet instinct, c'est à l'aide de raisonnements très simples, et de réflexions de bon sens que nos femmes s'insurgeraient contre la tentative dont nous parlons. « Vous reconnaissez, diraient-elles, que notre démocratie ne saurait désarmer. Quelle furie vous prend, dès lors, de souiller et de dégrader l'arme sur laquelle elle se repose? Vous croyez hâter la paix en discréditant vos soldats? C'est confondre l'instrument irresponsable avec la cause. Dans une démocratie maîtresse d'elle-même, ce n'est pas l'armée sans doute qui exige la guerre, c'est la guerre, toujours possible, qui exige l'armée. En vous acharnant contre l'armée, vous ressemblez donc à ces fauves inintelligents, qui s'acharnent sur le fouet du dompteur, sans songer à le mordre lui-même. C'est à la furie qui tient le fouet en main, c'est à l'idée même de la guerre qu'il fallait réserver vos coups. »

Il semble donc que vous n'ayez rien à retenir pour la cause de la paix de ces polémiques aveugles et qui portent à faux.

Vous pourrez, toutefois, y puiser un avertissement utile, tant il est vrai que les passions les moins raisonnables éveillent parfois des réflexions salutaires. Vous pourrez en retenir l'idée qu'il ne faudrait certes pas, par crainte de cet excès, aller à l'excès opposé : celui qui consiste, contrairement à l'exigence de la politique moderne, à répéter aux soldats que, parce qu'ils ont revêtu un uniforme, ils forment une race à part, supérieure aux autres mortels, et à élever systématiquement l'armée au-dessus de la nation, pour tourner celle-là contre celle-ci.

En parlant ainsi, je n'évoque pas, vous le savez, un péril tout imaginaire. Nous connaissons tous l'esprit auquel je fais allusion : nous l'avons vu à l'œuvre et nous devons nous en souvenir. Nous devons nous souvenir qu'il fut un temps, qui n'est pas loin, où l'on prenait par la bride en criant : « A l'Elysée ! » le cheval d'un général, où des prêtres répétaient qu'il fallait « terroriser, brandir le glaive », où des journaux chrétiens demandaient à cor et à cris un « grand soir rouge », où ils allaient — honte suprême — jusqu'à traiter nos officiers de lâches, parce que ceux-ci, fidèles à leur devoir, gardaient l'épée au fourreau. En vérité, les « amis de l'armée » ne sont pas moins dangereux que les « ennemis de l'armée ». En vérité, ces deux presses sont deux filles : l'une a l'injure à la bouche, et montre le poing à l'armée ; l'autre lui prodigue les sourires, les appels et les caresses ;

mais les excitations de l'une ne sont pas sans doute, pour nos officiers, moins énervantes, moins écœurantes, moins injurieuses enfin, que les injures de l'autre.

Les femmes de France ne voudront ressembler ni à l'une, ni à l'autre de ces filles; elles ne se prêteront ni à la conspiration de ceux qui voudraient tourner l'armée contre la nation, ni à la conspiration de ceux qui voudraient tourner la nation contre l'armée; dans cette armée qui est faite de la chair de leur chair, puisque leurs pères y sont remplacés par leurs fils, elles respecteront, elles honoreront, elles aimeront, fières et dignes, la sauvegarde suprême, non pas seulement de la terre française, mais de l'idéal français.

*
* *

Détournons donc notre regard de ces tristes équivoques; portons-le directement et franchement, sur la guerre elle-même, et demandons-nous dans quelle mesure nous devons et pouvons lui enlever quelque chose de ce prestige quasi religieux, par lequel elle fascine les âmes.

Nous trouvons ici en face de nous, prêt à nous barrer la route, le bataillon sacré des apologistes de la guerre. Et l'on n'y rencontre

pas seulement des hommes de guerre, mais
aussi des hommes de lettres, et des prêtres, et
des savants pour nous déclarer tout net qu'en
combattant la guerre nous prêtons les mains
à une besogne essentiellement démoralisante.

« La certitude de la paix, dit M. de Vogüé
— je ne dis pas la paix, je dis la certitude de
la paix — engendrerait avant un demi-siècle
une corruption et une décadence plus destructives de l'homme que la pire des
guerres. »

« Savez-vous bien, s'écrie de son côté le
R. P. Gaffre, en protestant contre le rêve des
pacificateurs à outrance, savez-vous bien par
la science du passé, quelle effroyable déli-
quescence noierait l'âme de notre nation,
si aucune chimère de sacrifice ne la hantait
plus? Avez-vous sondé les abîmes de maté-
rialisme abject où elle sombrerait, n'ayant
plus que de pâles lueurs d'égoïsme pour
éclairer sa route? »

Et M. Jules Soury à son tour, déclarant
qu'il ne restera dans mille ans, de ce grand
xixe siècle, que « la Colonne », se réjouit de
« l'hécatombe de millions de héros offerte
par Napoléon au plus haut idéal humain, —
à la guerre, à la mort, à la gloire ».

Ainsi, la guerre serait nécessaire à la réalisation du plus haut « idéal humain ». Elle
serait l'école de toutes les vertus, étant le

théâtre de la vertu suprème qui est le sacrifice de la vie. Qu'importe, dès lors, le sang
versé, s'il faut du sang pour engraisser le sol
où l'abnégation fleurit!

Nous ne répondrons pas à cette thèse en
lui opposant la seule pitié. Nous savons que
la vie ne doit être conservée que pour être
ennoblie et qu'elle se laisse subordonner à
des fins qui la dépassent. Le gouvernement
de la matière n'est donné à la personnalité
que pour qu'elle en tire des étincelles; notre
corps ne nous est donné que pour que nous y
fassions s'épanouir et comme éclater les vertus de l'âme. La thèse aurait donc de quoi
nous faire hésiter, si elle était vraie.

Mais est-elle vraie? Accorderons-nous que la
guerre est indispensable à l'éclosion de la moralité humaine, et qu'en elle tout est gran-
deur, tandis que tout est bassesse dans la
paix ? Consentirons-nous à opposer la
guerre à la paix comme l'idéalisme au maté-
rialisme, comme la vertu au vice, comme la
poésie à la prose? C'est à cette question qu'il
importe de répondre avec sang-froid.

Certes, la guerre a toujours révélé des
héros. Un officier français écrivait l'autre
jour, en racontant le flegme avec lequel les
canonniers anglais, décimés, manœuvraient
comme à la parade sous le feu des Boers :
« On éprouvait un véritable sentiment d'or-

gueil à voir ses semblables se conduire aussi bravement. » On n'a, si l'on veut éprouver un sentiment pareil, qu'à ouvrir au hasard les annales militaires. Rappelez-vous non pas seulement les exemples d'intrépidité audacieuse, mais de ténacité stoïque, de courage à froid dont les guerres du siècle ont donné tant d'exemples : Eblé à la Bérésina, Conrad à Marengo, Dutertre à Sidi-Brahim, ce sont là de ces traits dont on peut dire qu'ils font honneur à l'homme. Et il est bon que la mère les raconte à son fils.

Mais croirons-nous donc que la guerre transforme en héros pareils la moyenne des hommes, ou seulement les élève, quasi fatalement, au-dessus de leur niveau ordinaire? Qu'on dépouille les études objectives des écrivains militaires, et l'on s'apercevra que les batailles sont moins grandioses et moins ennoblissantes pour les masses que nous le croyons volontiers. Les corps-à-corps y sont rares : beaucoup d'hommes s'y montrent lents à l'assaut, prompts au défilement; beaucoup y font, en un mot, piètre figure...

Encore le combat est-il, à coup sûr, le plus beau moment de la guerre. Mais avant, mais après, ne sait-on pas combien il est difficile d'arrêter tant d'instincts sauvages que la guerre a déchaînés? C'est alors qu'apparaît dans toute sa laideur « cette espèce d'ivrogne-

rie terrible », qui fait tirer sur tous les êtres
vivants, même non combattants, même inof-
fensifs, qui fait tuer sans besoin, par habitude, pour le plaisir. A côté de l'héroïsme
sublime, c'est le triste goût du meurtre qui
se développe.

Et, plus bas encore, c'est le goût du vol.
Je ne parle pas seulement des guerres an-
tiques, où le pillage était de règle. Vous savez,
par de récentes expériences, avec quelle facilité les modernes, en temps de guerre, rede-
viennent primitifs. Il importe qu'aucun
peuple européen n'oublie, sur ce point, les
leçons de la campagne de Chine.

Ne craignez pas qu'en vous en parlant je cède
à « cette rage de nous déchirer nous-mêmes »
que dénonçait justement un Président du
Conseil. Je n'ai aucune envie de démontrer que
nos soldats se sont montrés plus méchants
que les autres. De tous les faits, si mal pré-
cisés d'ailleurs, que citait la presse, j'en ai
retenu un qui semblerait autoriser la conclusion contraire. Ce sont non pas les félicita-
tions, mais — ce qui est beaucoup moins
suspect — les réclamations adressées par le
maréchal allemand au général français, à
cause du trop grand nombre de villages chi-
nois qui demandaient la protection de notre
drapeau. Ces demandes mêmes tendraient à
prouver que notre armée était encore la plus

humaine. Mais peu importe, pour ce qui nous occupe, le détail des responsabilités, si difficile d'ailleurs à établir. Ce qu'il y a de plus sûr, c'est que la campagne de Chine n'a pas fait grand honneur à la moralité européenne.

« Nous savons maintenant, s'écriait un Japonais, ce que cela veut dire : nations chrétiennes. »

« Il faut avouer, écrivait un correspondant américain, qu'il y a dans le cœur de tout civilisé un marchand d'esclaves qui sommeille. »

Vous me direz peut-être que ceux qui s'indignent si vertueusement contre cette résurrection de barbarie ont la partie belle. Ils s'indignent après dîner, les pieds sur leurs chenêts, dans leurs maisons bien closes. Qui sait si, là-bas, privés de tout, exposés à tout, tentés par tout, ils n'auraient pas fait « comme les camarades » ! — Eh bien, je le crois pour ma part; je crois que nous nous serions, pour la plupart, laissé entraîner là-bas aux mêmes actes qui nous révoltent ici. Mais la conclusion que j'en tire, c'est qu'il est fâcheux, c'est qu'il est déplorable, que les hommes soient soumis à de pareilles tentations et jetés dans ces courants de violence. La conclusion que j'en tire, c'est que la guerre est une atmosphère singulièrement dangereuse pour la moralité moyenne, si fragile, de notre espèce. Si elle fait s'envoler des aigles, elle fait aussi pulluler des serpents. Et ce n'est pas seulement dans le sang qu'elle marche, trop souvent c'est dans la boue. Victor Hugo a fait dire à son oncle Louis, contant sa campagne de Westphalie :

Que les choses qu'on fait dans le sang et les flammes
Sont illustres; sinon, elles seraient infâmes.

Souvent ainsi, ceux qui ont fait leurs preuves, les braves des braves, n'hésitent pas à avouer que la guerre est surtout poétique pour qui ne l'a pas vue.

« Vous avez raison, écrivait Canrobert à la Conférence parlementaire de Londres, en 1890, de travailler à supprimer la guerre ; je sais ce qu'elle est : c'est une vilaine chose. »

*
* *

La guerre est donc loin d'être, en tout et pour tout, aussi moralisante que ses apologistes veulent bien le dire. Inversement, la paix est-elle aussi déprimante et dégradante qu'ils le soutiennent ?

On croirait parfois, à les entendre, que du jour où les arbitrages remplaceraient les ba-

tailles, l'humanité n'aurait plus qu'à se laisser vivre lâchement, dans une sorte de
« sieste éternelle ». Imaginent-ils vraiment
que, si nous réussissions à empêcher les
hommes de s'entre-tuer en masses, nous les
aurions du même coup soustraits à toute
espèce de luttes ou d'efforts ? Pensent-ils que,
si l'on réussissait à museler le fléau de la
guerre, on aurait supprimé du même coup
tous ceux qui renaissent perpétuellement de
l'indifférence des choses où de l'ignorance
des esprits ? Ne faudrait-il pas se raidir toujours pour résister à toutes ces formes naturelles du mal ? Si les détracteurs de la
paix avaient mieux compris l'infirmité essen-
tielle de la condition humaine, et que la vie
n'est qu'une longue lutte contre le hasard,
l'accident, la fatalité, peut-être auraient-ils
hésité avant d'affirmer que l'humanité a besoin de la guerre pour déployer sa vertu.

Il n'a pas eu besoin de la guerre, pour
mourir en brave à son poste, à bord de la
Bourgogne, ce commandant Deloncle que
votre lycée s'enorgueillit d'avoir élevé. Ils
n'ont pas eu besoin de la guerre, pour être
des héros avec simplicité, ce maire et ce curé
du Carbet qui, hier encore, sous la cendre
brûlante, voulaient rester les derniers à leur
poste, comme des capitaines de navire. Ils
n'ont pas eu besoin de la guerre pour tomber

au champ d'honneur, ces internes et ces infirmiers auxquels on élevait, l'autre jour, un monument modeste. Leurs noms sont à peine venus jusqu'au grand public; ils ne voleront pas sur les lèvres de nos enfants. Et pourtant en est-il de plus beaux? Leur gloire n'est-elle pas la plus pure et la plus enviable de toutes, puisque c'est en donnant la vie aux autres, et non la mort, qu'ils ont donné leur vie !

Plus admirables encore que ceux-là, qui se sacrifient pour tel ou tel homme, vous paraîtront peut-être ceux qui se sacrifient pour étendre dans l'avenir la puissance de l'humanité, ceux qui n'ont plus seulement à résoudre, par un courage instantané, un problème particulier et pressant, mais ceux qui s'attachent, avec un courage de longue haleine, aux problèmes généraux et lointains. Et c'est la phalange, ou plutôt c'est la théorie sacrée des conquérants pacifiques — conquérants de l'infiniment petit, conquérants des terres vierges, conquérants des glaces, conquérants de l'air. C'est un Nansen, prisonnier volontaire des banquises. C'est un Thuillier qui court au-devant du choléra à Alexandrie et se jette en quelque sorte dans la gueule du monstre. C'est un Severo, mort hier, qui inscrivait sur son ballon le nom même de cette paix pour laquelle nous parlons aujourd'hui : *Pax*, comme pour signifier à tout l'univers l'ampleur de la pensée sociale qui l'entraînait vers les cieux.

On peut donc être héroïque en temps de paix. Il n'est pas inutile de le répéter puisque la guerre paraît encore, aux yeux de tant de gens, monopoliser le sublime. Il n'est pas inutile de familiariser nos femmes avec cette idée et ses conséquences puisqu'il semble bien que, préparées à seconder le courage guerrier, elles le soient moins, généralement, à seconder le courage pacifique.

Combien de fois, par exemple, n'entend-on pas dire d'un inventeur, d'un savant, d'un explorateur qui n'a pas voulu quitter, après son mariage, l'œuvre de sa vie et qui est mort en essayant de l'accomplir : « Ce qu'il a fait là est très beau, mais c'est très mal : il n'aurait pas dû se marier. » Paroles graves, et périlleuses pour la beauté du mariage. J'entends bien que celui qui se marie contracte des responsabilités déterminées. Il perd le droit de risquer sa peau pour le plaisir ; mais il garde le droit, je pense, de la risquer pour ce qu'il considère comme un devoir. Si l'idée contraire prévalait dans un pays, ce ne serait pas à l'honneur de ses femmes. Si l'amour de la femme devait peser comme une masse de plomb sur l'âme de l'homme pour l'empêcher de déployer son envergure et de donner la mesure de son vol, alors malheur à l'amour de la femme! C'est de cet amour, non de la paix, qu'on pourrait dire qu'il déprime et dégrade.

Quelle force, au contraire, l'encouragement héroïque de la femme donne à l'homme! En quittant la France pour aller dans l'Adrar chercher les informations nécessaires à son projet de Transsaharien, Paul Blanchet, qui ne devait pas revenir, écrivait cette lettre touchante :

« Au moment de partir, ma femme, je te remercie du bonheur que tu m'as donné ; je te remercie de l'effort que tu as consenti pour me laisser aller gagner des lauriers avec le pain quotidien. Si je réussis, je crois vraiment que les générations à venir me seront redevables. Je crois que, par l'œuvre que je tente, les destins de la France au siècle nouveau seront changés, et, par les destins de la France, ceux de l'Europe et du monde. Si je réussis, les bienfaits du Sahara vivifié se répandront plus loin encore : partout où poussera le blé, une reconnaissance sera due à celui qui aura été élu de Dieu pour donner aux hommes la vie de chaque jour. Si j'échoue, mon orgueil seul sera puni ; mais l'œuvre ne sera pas stérile, car elle sera reprise, l'élan sera donné, et ma grande fierté aujourd'hui est justement de constater que l'action est engagée, que les combattants ne

manqueront pas et que, dussions-nous per-
sonnellement la voir ou seulement nos enfants, la victoire désormais est proche. C'est
par ton abnégation, par ton sacrifice accepté,
que je peux tenter aujourd'hui ce que je
tente. Merci ! »

Nous disions tout à l'heure, à propos du
discours de Dewet, qu'il faudrait souhaiter
à la France, dans la guerre, beaucoup de
femmes comme celles à qui on pouvait
adresser ce discours : il faudrait, nous semble-
t-il, lui souhaiter aussi, dans la paix, beaucoup
de femmes comme celle à qui on pouvait
adresser cette lettre.

Et j'entends bien que vos maris, vos frères,
vos fils, ne peuvent pas tous jouer le premier
rôle. Tous ne peuvent pas être aéronautes,
explorateurs, médecins, pour se sacrifier
glorieusement. Mais je prétends que, jusque
dans les rôles effacés, il y a moyen de déployer, quotidiennement, beaucoup de courage, et que c'est une chose singulièrement
utile à un pays que ce courage quotidien.
Croyez-vous, par exemple, qu'il n'aurait pas
de belles occasions d'exercer son énergie,
celui de vos fils qui voudrait être purement
et simplement un bon colon, à la fois labo-
rieux et juste ? ou même celui qui, sans quitter la terre natale, voudrait s'y faire paysan,
et développer autour de lui, par son exemple,

une agriculture rationnelle ? Et ne sentez-vous pas que, si la puissance économique de notre pays est menacée, c'est peut-être que trop de mères et trop de fils font fi de ce courage qui trouve à se déployer dans les métiers un peu aventureux ?

Mais il faut aller plus loin. Jusque dans les métiers les plus « tranquilles », les moins héroïques, les plus prosaïques, jusque dans les métiers de fonctionnaires, il y a moyen d'agir avec courage et de vivre avec noblesse.

Oui, il faut souvent du courage à un humble fonctionnaire, pour remplir jusqu'au bout, en conscience, son strict devoir professionnel, et ces devoirs sociaux plus larges dont aucune profession ne dispense ; pour résister ici à la pression de ses supérieurs, là à la pression du public, et tantôt pour se lancer dans l'action, et tantôt pour s'y arrêter au moment voulu. Je sais bien que l'énergie qu'il peut déployer ainsi n'est pas de l'héroïsme, c'est du menu courage, du courage de billon. Mais il faut beaucoup de ce billon-là pour assurer la richesse morale d'une nation, et nos femmes auraient grand tort d'en faire fi. Comprennent-elles bien l'importance sociale de ces vertus modestes ? Ne leur arrive-t-il pas souvent de murmurer à l'oreille du mari : « Tu en fais trop. Cela ne te sert à rien » ou bien ; « Cela va nuire à ton avancement », ou même : « Si tu agis ainsi, nous ne serons plus reçus chez Mme X... » ? Ainsi on laisse les petites lâchetés s'accumuler et vous encrasser l'âme, parce qu'on n'est pas assez habitué à regarder l'énergie comme une monnaie courante dont il faudrait user dans la vie de tous les jours. « Je suis courageux, pense l'homme, car je le serais sûrement là-bas, dans la poudre et le bruit glorieux des batailles. » Et, trop souvent, s'endormant sur ses lauriers futurs, il se dispense d'être courageux tout à l'heure, ici, à son bureau, dans le salon ou dans la rue. Il semble croire qu'il sera toujours assez tôt d'être viril demain, en temps de guerre. Mais, pour le temps de paix, il pratique le désarmement moral.

Ne disons donc pas que, en temps de paix, les occasions d'agir noblement nous manquent; avouons seulement que, trop souvent, nous ne nous sentons pas tenus d'agir noblement dans la paix, sans tambour ni trompette. A l'égard des vertus pacifiques, notre imagination morale est restée d'une pauvreté désolante. En réalité, pour qui sait voir, une civilisation si pacifique qu'elle soit sera toujours un champ de bataille : il y aura toujours assez d'assauts à donner, de blessures à panser, de corvées à épargner aux autres.

Il vous appartient, ô femmes, de nous

ouvrir les yeux sur ce monde en travail
et de nous rappeler qu'il ne tient qu'à nous
d'y verser de la poésie en y dépensant du
courage. Ainsi plaiderez-vous utilement la
cause de la paix, car vous l'idéaliserez, car
vous prouverez, contre les apologistes de la
guerre, que les hommes n'ont pas besoin,
pour devenir vertueux, de continuer à s'en-
tretuer, et qu'on peut être dès à présent énergique, dévoué et même héroïque, sans cesser
d'être pacifique.

« Il faut résister au mal, mais d'abord en
soi-même. »

« Il faut être courageux en temps de guerre,
mais d'abord en temps de paix. »

Si vous savez répandre autour de vous ces
deux vérités, vous aurez satisfait aux plus
nobles exigences et de la morale chrétienne
et de la morale moderne; vous aurez travaillé
au progrès véritable de l'humanité, car vous
aurez contribué à former, pour votre part de
femmes, une race d'êtres dans le sein desquels
la pitié se marie au courage et qui soient
ainsi, dans tous les sens du mot, des hommes
de cœur.

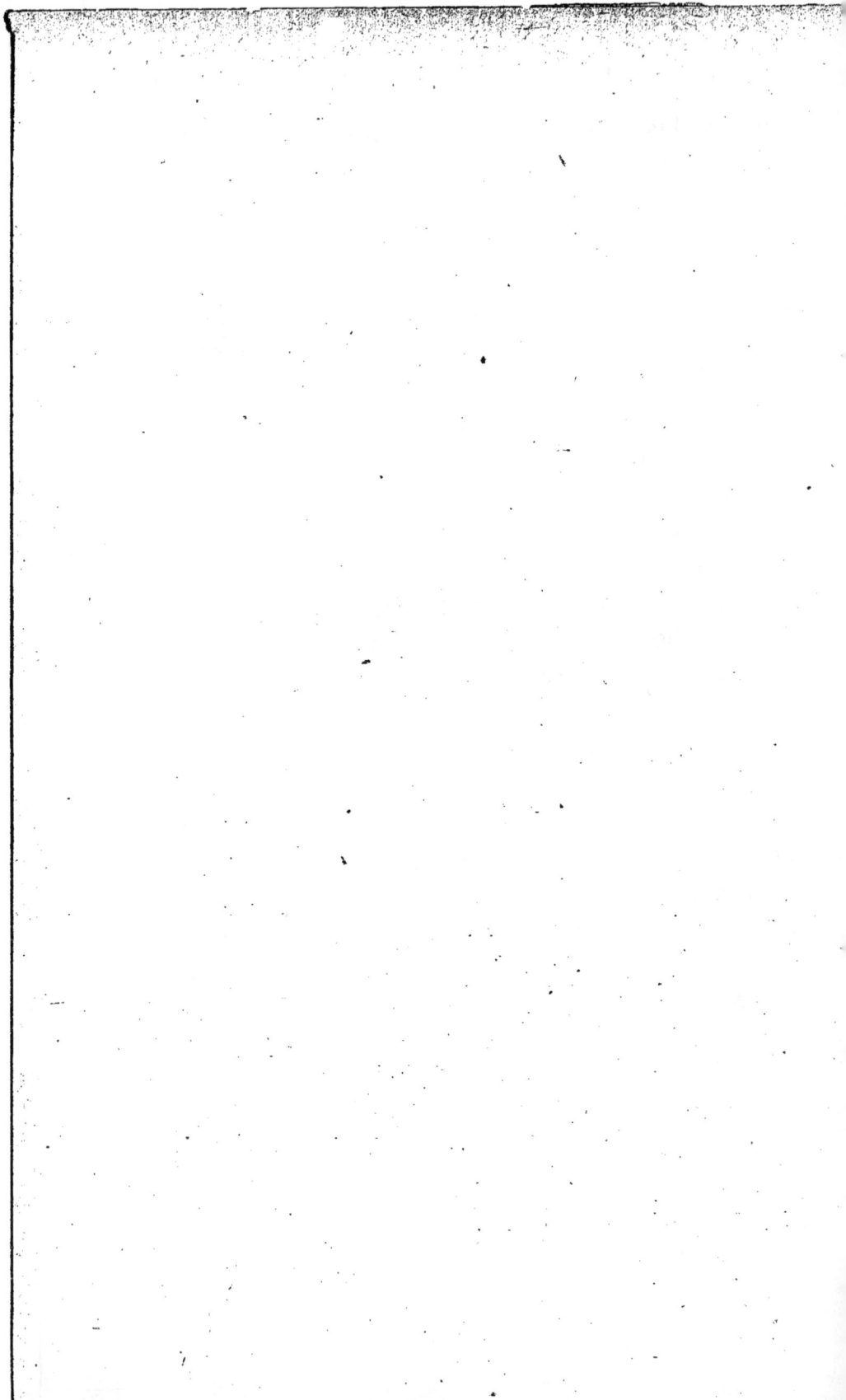

VERS LA JOIE PAR L'ACTION [1]

... On vous dit sur tous les tons — et votre professeur de philosophie vous le répétait tout à l'heure encore : « Soyez gais, soyez jeunes. Faites retentir les murs du collège de vos rires sonores. » Je n'ai qu'à dire *Amen* à ces exhortations. Je demande seulement la permission d'y ajouter un mot, — et ce sera le mot classique : Continuez! Lorsque vous serez sortis du collège, tâchez de rester jeunes, de rester gais. Gardez-la le plus longtemps possible, cette cuirasse rayonnante qui est la belle humeur. Travaillez jusqu'au bout, comme on disait jadis, à vous « tenir en joie ».

Le conseil est bon, direz-vous ; mais la recette ? le moyen pratique ? la clef des joies perpétuelles ? voilà ce qu'il faudrait nous livrer.

1. Discours prononcé à la distribution des prix du collège de Moissac (août 1901).

Si je commence à rechercher devant vous cette méthode pour arriver à la vie bienheureuse, je vais éveiller des défiances. Ceux qui savent que je suis professeur de philosophie vont dresser l'oreille. Les philosophes sont des êtres si paradoxaux ! Ils préconisent, pour la conquête de la joie, des méthodes si originales ! Les bacheliers ont entendu parler d'un certain Spinosa : un pauvre homme. Il polissait des verres de lunette pour gagner sa vie. Il dépensait — ses livres de compte nous l'ont révélé — quatre sous pour sa nourriture. Il était atteint d'une maladie de poitrine incurable. Avec cela, à l'en croire, le plus heureux des mortels. Son hôtesse a rapporté qu'il était toujours souriant, et que parfois même, — lorsqu'il jouait avec des araignées, — on l'entendait rire tout seul ! D'autres philosophes sont plus fameux encore par la façon dont ils entendaient la joie. Suivant les stoïciens, vous pouvez enfermer le sage dans le taureau de Phalaris, — un taureau d'airain rougi au feu — il continue d'y jouir d'un bonheur incomparable. Si ce sont là, direz-vous, les joies des philosophes, qu'ils gardent pour eux leurs recettes !

Mais rassurez-vous : je ne suis pas venu ici pour faire miroiter à vos yeux quelques paradoxes... Je sais bien que nos joies humaines tiennent aux choses par plus d'une

racine. Celui qui ne peut manger — soit qu'il
n'ait rien à se mettre sous la dent, soit que
son estomac ne puisse rien supporter, — celui-
là n'a pas envie de rire ; et ce serait d'une iro-
nie cruelle que de lui prêcher la joie. Il n'y a
pas d'entrain possible, semble-t-il, sans un
minimum de bien-être. Nous reconnaîtrons
donc avec tout le monde que la quantité de
joies dont nous disposons dépend d'un certain nombre de conditions extérieures, sur
lesquelles nous ne pouvons pas grand'chose.
Mais tout le monde reconnaîtra avec nous
que cette même quantité dépend aussi, inversement, d'un certain nombre de conditions
intérieures sur lesquelles nous pouvons beaucoup : elle dépend, par exemple, du tour que
nous aurons donné à notre conduite, du but
que nous aurons fixé à notre vie.

De quel côté nous tournerons-nous donc ?
Pour trouver la joie, nous bornerons-nous à
chercher la jouissance ? Pour rester jeunes,
penserons-nous qu'il n'est qu'un moyen,
« faire le jeune homme », et voler de fête en
fête ? La méthode est fréquemment essayée ;
mais l'expérience prouve qu'elle atteint rarement son but. D'abord, on ne peut pas « fêter »
toute l'année : ce serait fatigant. Et puis,
le voudrait-on, que les occasions manquent,
— surtout dans les villes de province
où nous sommes, pour la plupart, destinés à

9

vivre. La troupe de passage ne passe pas tous
les jours. Le café-concert du lieu est bien
monotone. Alors on bâille sa vie. En atten-
dant de s'amuser, on ne sait à quoi s'occuper.
On est mécontent de soi, et par conséquent
des autres. On tourne à l'aigre. Bien souvent,
ainsi, la mélancolie s'asseoit au chevet de
l'homme de joie : et il meurt dans le marasme.
En vérité, à un pareil régime, les âmes ne
peuvent se maintenir comme nous le souhaitons fraîches et veloutées : il fait plutôt les
âmes desséchées, flétries et comme ratatinées.

C'est pourquoi nous vous conseillons une
méthode toute différente et que je définirai
d'un mot : l'action. Tâchez, si vous voulez
conserver un cœur jeune et joyeux, d'être
des énergies et non des inerties : des hommes
d'action et non des hommes de passion.

Des hommes d'action : qu'est-ce à dire?
Les mères de famille vont peut-être s'effrayer
à ce mot. Dans notre pays oratoire — César
disait déjà de nos ancêtres qu'ils se distin-
guaient par leur amour des palabres, — un
homme d'action c'est, pour beaucoup, un
homme qui parle ou qui écrit : un député,
un journaliste, voire un conférencier. Vous
voudriez donc que nos fils devinssent tous
conférenciers, tous journalistes, tous députés!
Loin de moi cette pensée. Nous savons trop
qu'un pays serait bien malade, si tous les

enfants y croyaient avoir, dans leur sac d'éco-
lier, l'écharpe de représentant du peuple,
s'ils aspiraient tous à jouer les premiers rôles,
à parader sur la scène politique. Pour que
notre pays prospère, ce n'est pas seulement un
théâtre retentissant qu'il doit être, mais une
ruche bourdonnante, et, si l'on peut dire, un
grand atelier ronflant.

C'est donc d'abord dans un cercle bien dé-
fini que nous vous exhorterons à agir : dans
le cercle de votre profession. Exercez le métier que vous aurez choisi en hommes d'action ;
c'est-à-dire allez au travail quotidien non pas
comme des chiens qu'on fouette, mais avec
entrain, avec amour, préoccupés seulement
d'augmenter le rendement social de votre
tâche et d'améliorer ses méthodes. Et en effet,
dans une civilisation comme la nôtre, dont
la prospérité repose sur la division du travail,
celui qui ne remplit pas du mieux qu'il peut
la fonction qui lui revient commet une sorte
d'abus de confiance : pour sa part, il travaille
à désorganiser toute la machine; il est le
rouage inutile ou mal adapté qui détraque
bientôt l'ensemble. Celui qui se donne tout
entier à sa fonction a le sentiment, au contraire, de tenir son rôle, de servir à quelque
chose ; et ce seul sentiment est une source
non plus intermittente, mais inépuisable de
joies rafraîchissantes et rajeunissantes. Oui,

il y a peu de joies qui soient comparables à celle du médecin qui voit se dresser et marcher l'homme qu'il a volé à la mort, de l'ingénieur qui voit s'achever le pont dont il a calculé la courbe, du professeur qui voit penser et agir enfin par lui-même celui dont il a modelé l'âme.

Et, naturellement, ce que je dis des professions appelées libérales, je le dirais des autres. Il n'y a pas de profession qui refuse les joies, pourvu qu'on l'embrasse avec amour. Dans mon pays natal je vais retrouver un ami de collège, un des premiers de la classe. Il a voulu rester « dans son trou »; il a pris le métier de vétérinaire. Ne croyez pas qu'il ait choisi, ainsi, une vie toute plate et mesquine. Dans cette lutte contre les maladies des bêtes, — qui est en même temps une lutte contre l'ignorance des hommes, — il apporte une passion continue, qui fait journellement vibrer son cœur. « J'ai sauvé, cette année, pour 10.000 francs de bétail, me disait-il. » La conscience des services qu'il rend ainsi à sa commune suffit à embellir et comme à illuminer ses moindres besognes. Voulez-vous un autre exemple? Je me promenais, il y a quelques jours, dans une grande ville, avec un ouvrier ajusteur, que la faillite de la fabrique de cycles où il travaillait avait laissé sans travail. Autour de nous passaient les bicyclettes et les automobiles. Et l'ouvrier, m'en montrant une qui filait, me dit avec fierté : « Elle sort de chez nous, celle-là, elle est solide. » Ainsi, jusque dans sa détresse de sans-travail, il reconnaissait avec joie ces machines dans lesquelles il avait mis un peu de son âme, et il ne demandait qu'une chose, donner encore ses forces pour fabriquer des machines nouvelles.

Tous les métiers, intellectuels ou manuels, ont donc leurs joies. Et sans doute, selon les métiers, les nuances de ces joies diffèrent. Je ne chercherai pas à classer avec vous les professions, d'après la qualité et la quantité des plaisirs qu'elles réservent : ce serait trop long et compliqué. Mais peut-être aboutiriez-vous, si vous poursuiviez consciencieusement cette enquête, à des résultats qui vous feraient réfléchir. Croyez-vous, par exemple, que les professions les plus recherchées, considérées et distinguées, soient toujours aussi les plus fécondes en joies ? Soient les professions bu-reaucratiques, auxquelles aspirent déjà se-crètement, peut-être, beaucoup d'entre vous. Certes, elles ont leurs plaisirs. Quand il a noirci beaucoup de papier à la fin de sa jour-née, le bureaucrate est content. Et il ne faut pas rire aveuglément de ce genre de travail. On peut soutenir qu'une démocratie a besoin de contrôler perpétuellement ses fonction-

tionnaires et que le papier noirci est l'instrument nécessaire de ce contrôle. Mais enfin,
malgré tout, dirons-nous que les joies de
l'homme qui agit ainsi, sur le papier, sont
égales à celles de l'industriel qui découvre
une nouvelle machine, du commerçant qui
lance un nouveau produit, du colon qui dé-
friche une terre nouvelle ? Ne sentez-vous pas
que celles-ci doivent être singulièrement plus
intenses, plus variées et comme plus palpi-
tantes ? C'est pourquoi nous ne craindrons pas
de vous conseiller un peu d'audace, l'amour
du grand air et des larges horizons. Jetez-vous
dans la vie avec courage, et votre âme pren-
dra des ailes; elle sera d'autant plus légère
que vous aurez été plus hardis.

Mais est-ce tout ? une fois remplis vos
devoirs professionnels, allez-vous vous croi-
ser les bras ? Presque tous ici, puisque
vous avez dépassé l'enseignement primaire,
vous choisirez des métiers qui vous lais-
seront des loisirs. Rendez-vous bien compte
que ces loisirs sont des privilèges, et que
tout privilège doit se payer par un devoir
correspondant. Vous devez donc à la société
une part de ces heures qu'elle vous con-
cède : il faut les consacrer au service de
ces grands intérêts généraux, qui dominent
et dépassent toutes les besognes profes-
sionnelles. Une civilisation ne se main-

tient que par l'empire de certaines idées
générales, de certains sentiments collectifs :
C'est cet empire perpétuellement menacé,
qu'il nous faut défendre perpétuellement si
nous voulons que notre civilisation sur-
vive.

Les édifices qu'elle élève veulent être réparés
chaque jour ; ne sont-ils pas assaillis chaque
jour par tous les vents mauvais, par toutes
les puissances des ténèbres ! La barbarie,
la débauche, l'intolérance, la routine, l'in-
curie, voilà les forces contre lesquelles nous
devons sans répit réunir et dresser nos forces.
Il n'y a pas de civilisation qui tienne sans
l'effort constant des bonnes volontés associées.
C'est pourquoi vous vous associerez. Dès que
vous aurez franchi la porte du collège, diverses ligues vous attendent, qui vous ten-
dront la main. Vous leur donnerez la main
bravement. Et, naturellement, vous choisirez
entre elles en pleine liberté : ce n'est pas à
nous, maîtres de l'Université, à peser sur vos
consciences; l'essentiel, à nos yeux, est que
vous choisissiez quelque œuvre à laquelle
vous vous dévouerez corps et âme, pour le
bien général.

En agissant ainsi vous vous préparerez une
ample moisson de joies vivaces. Si vous avez
approché de quelqu'une de ces unions pour
l'action sociale, vous savez déjà quelle cha-

leur s'en dégage. J'ai eu occasion de visiter, dans notre région, plusieurs « Universités populaires » : les organisateurs de ces groupements se donnent, certes, beaucoup de peine. Ils ajoutent à leur travail du jour un travail du soir assez lourd. J'en ai rarement rencontré, cependant, qui se plaignent de cette surcharge. La plupart la portent avec une allégresse toujours renouvelée : tant le sentiment de faire « quelque chose » les soutient et les ragaillardit...

Et ce que je dis de ces petits foyers d'idées, je le dirais naturellement des autres groupements. Vous avez entendu parler des coopératives; vous savez comment, grâce à elles, le peuple belge a élevé ces Maisons du Peuple qui font l'admiration et l'envie du monde ouvrier. Un des fondateurs du *Vooruit* s'était donné tant de peine qu'il tomba gravement malade. Mais il continuait de s'intéresser à l'œuvre commune et d'en surveiller les progrès. Chaque soir, dès que les camarades revenaient, il se soulevait sur sa couche : « Combien de kilos de pain fabriqués aujourd'hui? Combien de coopérateurs recrutés? » On lui répondait: « Tant de coopérateurs! Tant de kilos! » Il se laissait alors retomber en souriant et en répétant : « Cela marche. » Ainsi, jusque sur son lit de douleur, les joies les plus pures que l'homme puisse connaître venaient visiter le pauvre ouvrier et le baiser au front.

Remplissez donc sans lésiner non seulement vos stricts devoirs professionnels, mais ces larges devoirs sociaux : c'est ainsi, en vous donnant tout entiers chaque journée que vous vous réveillerez chaque matin plus allègres et le cœur rajeuni.

Et entendez-nous bien : si vous pratiquez cette méthode, ce n'est certes pas une vie tout unie et sans agitations que nous vous promettons. Non, la vie d'un homme d'action ressemble à un torrent écumant bien plutôt qu'à une eau dormante...

Mais qu'importe! Vous connaissez ces oiseaux de mer qu'on appelle des goëlands; quand l'orage approche, ils vont et viennent, ils montent et descendent en poussant des cris d'allégresse. Ainsi une âme énergique appelle l'orage ; elle se laisse en chantant porter par le vent furieux. Au milieu même de l'agitation extérieure, elle a le calme intime, la tranquillité profonde de la conscience. Allez donc, jeunes âmes aujourd'hui libérées, allez vers la joie par l'action, vers la sérénité par l'activité, vers la paix intérieure par la guerre contre les choses. C'est ainsi que vous la garderez jusqu'au dernier jour, la fleur de votre jeunesse...

Et c'est ainsi que vous la réfuterez comme

il faut la réfuter, la critique obstinée de ceux qui répètent que notre Université manque d'idéal, qu'elle ne fait que pervertir les enfants, qu'elle est incapable de former des hommes. Nous ne répondons pas à de pareilles attaques. Mais vous y répondrez pour nous. Vous y répondrez par l'utilité, par la dignité, par la beauté de votre vie. Et alors, en même temps que vous aurez conquis pour vous les joies légitimes, vous nous en aurez gagné notre bonne part. Quand vos vieux maîtres vous verront marcher droit dans la vie, les talons résonnant et le front rayonnant, ils diront avec fierté : « C'est un bon, celui-là : je le connais. Il sort de chez nous. » Et vous les aurez, ainsi, amplement payés de toutes leurs peines.

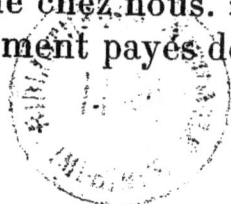

TABLE DES MATIÈRES

TOURS

IMPRIMERIE DESLIS FRÈRES

6, rue Gambetta, 6

BIBLIOTHÈQUE RÉPUBLICAINE

La Congrégation, par Henri BRISSON, 1 volume de 550 pages, prix.. . . . . **3 fr. 50**

Les Cordicoles, par Gustave TÉRY.
1 volume de 350 pages avec *un plan*, prix . . . . **3 fr. 50**

La Lutte contre le Cléricalisme, par Albert MEYRAC.
1 fort volume de 430 pages, prix . . . . **3 fr. 50**

L'Education de la Démocratie française, par Léon BOURGEOIS.
1 volume de 300 pages, prix . . . . **2 fr. »**

Pour l'Université républicaine, par Maurice FAURE.
1 volume de 200 pages, prix . . . . **2 fr. »**

Pour la Liberté de Conscience, conférences populaires par
MM. BALLAGUY, BOUGLÉ, DARLU, LOTTIN et RAYOT, 1 vol. de 200 pages.
Prix. . . . . **2 fr. »**

La Loi Falloux : le Cléricalisme et l'Ecole, par A. HUC.
1 volume de 350 pages, prix . . . . **2 fr. »**

Pour la Raison, par Paul LAPIE. 1 vol . . . . **2 fr. »**

Pour l'Ecole laïque, par B. JACOB. Conférences populaires avec
une préface de M. F. BUISSON, (2ᵉ édition). 1 volume . . . . . **1 fr. »**

Pour la Démocratie française, par C. BOUGLÉ, avec une préface de M. Gabriel SÉAILLES. 1 vol. (2ᵉ édition) . . . . **1 fr. »**

L'Université de Demain, par J. DELVAILLE, avec une préface de
M. H. BRISSON. 1 vol. . . . . **1 fr. »**

L'Ecole républicaine et le Patronage féminin, par Ferdinand DREYFUS. 1 vol . . . . **1 fr. »**

« Monita Secreta » ou les Secrets des Jésuites,
Texte latin et traduction française. 0 fr. 60 ; *franco* . . . . **0 fr. 75**
Texte français seulement . . . . 0 fr. 20 ; *franco* . . . . **0 fr. 25**

Pour l'Armée Républicaine, par ***
1 volume, prix . . . . 0 fr. 60 ; *franco* . . . **0 fr. 75**

La Déclaration des Droits de l'Homme et du Citoyen,
par MM. Léon BOURGEOIS et Albert MÉTIN. 0 fr. 40 ; *franco* **0 fr. 50**

La France sous la Troisième République, par A. DELPECH
et G. LAMY . . . . **0 fr. 50**

**Le Syllabus, l'Encyclique et la Déclaration des Droits
de l'homme,** par A. DELPECH, 0 fr. 20 ; *franco* . . . . **0 fr. 25**

Édouard CORNÉLY, Éditeur, 101, rue de Vaugirard, Paris

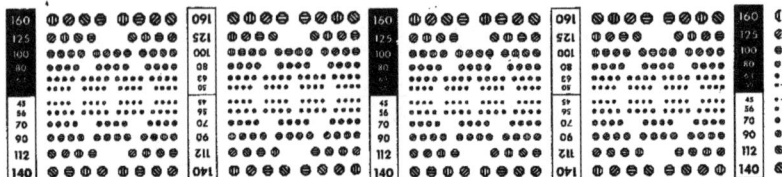

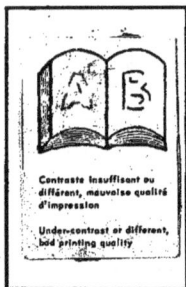

www.ingramcontent.com/pod-product-compliance
Lightning Source LLC
Chambersburg PA
CBHW060144100426
42744CB00007B/891